KB058911

공부그릇과
회복탄력성

인생 성적 올리는 진짜 공부의 핵심

공부그릇과
회복탄력성

김은정 지음

바이북스
ByBooks

나는 아이의 해맑은 웃음을 지켜주고 있는가

육아 방식이 정반대인 두 친구가 있다. 아이 공부보다 본인 공부에 더 관심이 많고, 사교육도 거의 안 시키고, 게임도 마음껏 하게 해주며 자유롭게 키우는 친구를 만나면 나는 아이를 잡는 엄마가 된다. 다양한 정보를 섭렵하며 아이 교육은 물론이고 스케줄까지 꼼꼼히 챙기는 두 번째 친구를 만나면 나는 아이를 방치하는 엄마가 된다. 나는 그대로인데 어떤 잣대를 들이대냐에 따라 평가가 달라지는 것이었다. 너무 재미있는 상황 아닌가!

주변 상황에 흔들리지 않기 위해 중심을 잡아야 한다. 각 가정의 환경이 다르고, 양육하는 부모가 다르다. 육아 대상인 아이들의 다양성은 두말할 것도 없다. 그만큼 교육도 다양해야 한다. 육아에는 정답이 없다. 그러기 때문에 우리 가정에 맞는 교육관을 정립해야 한다. 내 아이가 어떻게 자라고 어떤 삶을 살기 바라는지 진지하게 생각해봐야 한다. 더불어 내 아이가 어떤 성향과 기질이 있는지, 공부 그릇은 어떠한지 잘 관찰하는 것도 중요하다. 그에 맞는 교육 방향을 설정하자. 비교는 불행의 시작임을 기억하고 옆집으로 눈 돌리지 말고 주도적인 육아를 해보자.

　아무리 나이가 많아도 자식은 부모에게 어린아이라는 말이 있다. 고생하면 안쓰럽고 항상 보살펴주고 싶은 존재이다. 그렇다고 평생 키워줄 수는 없는 노릇이다. 건강한 어른으로 자라 독립해서 본인의 인생을 살아가야 한다. 그럴 수 있도록 도와주는 게 양육하는 부모가 해야 할 일이라고 생각한다. 수많은 엉덩방아를 찧은 후 걸음마를 하게 되고, 다리에 멍 몇 번 들어보고 자전거 페달을 혼자서 돌리게 되는 시간이 절대적으로 필요하다.

　자녀가 클수록 부모가 대신해 줄 수 없는 일들이 훨씬 많다는 것을 우리는 잘 안다. 문제 해결력을 기를 수 있도록 최대한 스스로 하게 하자. 부모가 정답을 제시하기 전에 아이의 생각을 물어주자. 설사 그것이 최상의 해결책이 아닐지라도 아이의 생각을 존중해주자. 돌아가는 길이 부모의 시선에는 시간 낭비일지 몰라도 아이에게는 경험하고, 깨달음을 얻는 소중한 시간이 될 수 있다.

자녀에게 아무리 많은 물고기를 안겨준다고 한들 언젠가는 바닥
나게 되어 있다. 재해로 인해 하루아침에 모두 잃을 수도 있다. 그러
나 사는 동안 물고기 잡는 법을 알려주었다면 이야기는 달라질 것이
다. 소유보다 경험이 아이에게 값진 선물이 될 수 있다고 말하는 이
유다. 다양한 경험은 아이에게 씨앗이 되어 공부그릇을 키워줄 것이
다. 작은 실패를 통해 배우고 작은 성공을 통해 성장할 것이다. 부모
의 지지와 응원을 받으며 회복탄력성 내공을 단단하게 다져갈 것이
다. 그러니 인생 공부그릇을 키우고 회복탄력성을 높일 수 있는 여러
경험을 가능하면 자주 만들어주자.

우리 집도 여전히 진행 중이다. 여러 방법을 실천해보고 성장하기
도 하고, 시행착오를 겪으며 배우고 있다. 아이와 나의 성장을 통해
그 배움을 즐기기도 한다. 때론, 어려움을 겪기도 하지만 교육 방향

은 확실한 덕분에 팔랑귀가 되지는 않는다. 더 생각하고 고민하며 지혜로운 결정을 하려고 최선을 다할 뿐이다. 우리 부부의 노력과 별개로 인정하고 가는 부분이 아이의 타고난 성향이다. 성향 때문에 충돌이 생기고 마음이 답답할 때도 있지만, 최대한 인정하려고 노력한다.

크게 정리해보면 정민이는 개구쟁이인데 꽤 예민하다. 내성적이고 소심한데 호기심이 하늘을 찌른다. 집에서는 애교 만점인데 밖에서는 꿔다놓은 보릿자루다. 집에서는 수다쟁이인데, 낯선 곳에서는 말 한마디 못해 매우 얌전한 아이로 오해받기도 한다. 또, 반장은 하고 싶은데 앞에 나가서 발표하는 것은 떨려서 못하겠다며 마음이 왔다 갔다 하는 아이다. 타고난 성향을 인정하려고 노력하며 엄마 육아 나이를 먹고 있다. 아이도 엄마랑 맞춰 사는 게 힘들 수 있다는 것을 늘 명심하면서 말이다.

저학년 때까진 거의 여행처럼 일상을 살았던 것 같다. 이 모습을 보고 지인과 사촌들이 아이를 부러워했다. 가끔은 우리 부부도 아이의 유년이 부러웠다. 주말만 되면, 방학만 되면, 시간만 생기면 산으로 바다로 여행을 다녔다. 기회만 되면 꼼지락 꼼지락 다양하게 체험할 수 있는 곳을 찾아다녔다. 주말이면 쉬고 싶은 마음에 월화수목금금금 근무 느낌이 들 때도 있었다. 그래도 아이가 좋아하고 가족이 함께 추억을 만드는, 한 번뿐인 유년 시절이기에 마음껏 실천했다. 다행히도 긍정적인 부분들이 전해졌음을 어버이날 아이에게서 받은 편지에서 느낄 수 있었다.

"늦게 어버이날 편지 씁니다.

12년 동안 키워주셔서 감사합니다.

제가 원한 것을 대부분 사주셔서 감사합니다.

많은 추억을 만들어주셔서 감사합니다.

좋은 학교를 보내주셔서 감사합니다.

좋은 교육 환경을 만들어주셔서 감사합니다.

항상 저를 신경 써주셔서 감사합니다.
사랑합니다. 고맙습니다."

배꼽 빠지게 웃는 아이 동영상을 가끔 보면서 나에게 묻곤 한다. 나는 지금도 아이의 해맑은 웃음을 잘 지켜주고 있는지! 훗날 아이가 엄마를 떠올렸을 때 어떤 느낌이길 바라는지! 그 답을 위해 사회적 잣대에 맞추려고 서두르지 않으며, 긴 호흡으로 아이와 성장하며 동행하려 한다.

chapter 1 | **교육 독립이 필요하다**

chapter 2 | **회복탄력성 덕분에 살았다**

chapter 3 | **아이들에게 진짜 필요한 것들**

chapter 4 | **진짜 공부를 위한 내공 쌓는 시간**

chapter 5 | **인생 성적 올리는 진짜 공부**

교육 독립이
필요하다

교육 방향성이 흔들리지 않게 단단한 내공을 기르는 연습도 꾸준히 해야 한다. 그러지 않으면 주변 상황에 따라 수시로 흔들릴 수밖에 없다. 교육 때문에 불안할수록 답을 밖에서 찾으려 하지 말고 초점을 내 안으로 돌리고 어떻게 도움이 되는 길인지 생각해보자.

특별히 잘하는 게 없어서 공부를?

정민이는 초등학교 2학년 때 처음으로 축구를 접했다. 활동적인 것을 좋아하는 아이답게 축구 수업에 적극적이었다. 학교 친구들과 같이 배우니 더 재밌어했다. 운동신경도 어느 정도 타고난 터라 곧잘 했다. 공을 지키며 뛰는 것도 좋고, 골이 들어갔을 때 기쁨은 표현할 수 없이 행복하다고 말하는 아이. 일주일에 한 번 가는 축구교실을 손꼽아 기다렸다. 축구교실 다닌 시간이 쌓일수록 정민이의 축구 사랑은 커져만 갔다.

수업이 끝나고 정민이가 주차장 쪽으로 걸어왔다. 같이 뛰었던 친구가 정민이를 향해 손을 흔들며, "축구 에이스 잘 가!" 큰소리로 인사를 했다. 수업 중에 시합하려고 두 팀으로 나눌 때면 친구들이 서로 자기편으로 데려가려고 한단다. 엄마에게 자랑하듯 수업 이야기를 전해주는 정민이의 목소리가 신났다. 몇 달 열심히 참여한 축구를 통해 정민이의 자존감이 눈에 띄게 좋아졌다.

축구 사랑이 커져 결국 정민이의 꿈이 되었다. 축구를 워낙 좋아하니까 처음에는 그러려니 했다. 또한 꿈은 언제든지 바뀔 수 있는 거니까. 그런데 매년 학교에서 꿈 발표회를 할 때면 정민이의 꿈은 변함없이 축구 선수였다. 어떠한 어려움이 있어도 이겨낼 거라고 말은 하지만 현실은 아니었다. 축구 선수가 되겠다는 마음만 클 뿐 실력을 키우기 위한 노력은 따로 하지 않았다. 좋아하는 운동이었을 뿐 진로로 하기에는 아니었다. 그래도 아이가 좋아하는 거니 현실적인 이야기를 들려주되 지지해줬다.

하루는 아이가 좋아하는 거, 아이가 하고 싶은 것에 대해 엄마들과 이야기를 나눌 기회가 있었다. 공통적인 의견이 "우리 아이는 특별히 잘하는 게 없어서 공부시키려고 해요."였다. 예전에 학부모 상담할 때도 비슷한 이야기를 많이 들었던 터라 낯설지 않았다. 그런데 내가 학부모가 돼서 다시 듣게 되니 약간 의구심이 들었다.

'잘하는 게 없어서 공부를 시킨다고? 재능까지는 아니어도 좋아하는 게 있을 수도 있잖아. 그것이 공부가 아닐 수도 있고, 아이가 원하는 길이 따로 있다면…'

이야기를 좀 더 나눠보니 원인을 알 수 있었다. 내 아이에게 재능이 있다 함을 월등한 탁월함으로 생각했다. 피겨 스케이팅을 좋아한다고 하면 김연아를 떠올렸다. 축구 선수를 꿈꾼다고 하면 박지성을 떠올렸다. 그 이하가 없었다. 그 정도의 재능이나 기량이 나타나야, 공부가 아닌 다른 길을 생각해보지 않겠냐는 것이었다. 바로 반문하고 싶었지만, 그냥 속으로 물었다.

'그럼 공부도 하버드를 목표로 하는 거지요?'

축구 선수가 꿈이라고 말했을 때 재능이 뛰어나서 응원했던 게 아니었다. 운동 신경이 있어서 살짝 잘하는 편이라는 걸 부모인 우리는 알고 있었다. 다만, 정민이가 무척 좋아했고, 몇 년 동안 축구 선수라는 꿈이 바뀌지 않았기 때문에 지지해줬다. 나중에 관심사가 바뀌어 다른 꿈이 생길 수도 있다. 본인 스스로 길이 아님을 깨우칠 수도 있다. 그래도 괜찮다고 생각한다. 축구라는 운동 분야에 축구 선수만 있는 게 아니다. 감독, 코치, 운동치료사, 해설가, 에이전시 등 다양한 길이 있다는 것은 누구나 아는 사실이다. 체육 교사가 될 수도 있고, 스포츠클럽을 운영할 수도 있다. 축구 코치를 직업으로 할 수도 있다. 본인이 좋아서 가는 길이라면 얼마든지 새로운 영역을 만들어낼 가능성도 있다.

모든 아이가 공부를 다 잘할 수는 없다. 어떻게 보면 공부를 잘하는 것도 하나의 재능일 수 있다. 그래서 아이의 관심이나 성향은 외면한 채 공부로만 앞으로 걸어갈 길을 계획하는 것은 위험하나. 사녀와 부모 모두에게 불행한 일이 될 수 있다. 억지로 하는 공부라면 과정 또한 어려움이 배가 될 것이다. 사실 공부를 잘한다고 해서 행복한 삶이 보장되는 것도 아니지 않는가!

　특별히 잘하는 게 없어서 공부를 시키기보다 아이의 특성을 파악하는 것이 먼저다. 무엇을 좋아하는지, 어떤 성향을 타고났는지, 몰입하게 만드는 관심 분야가 무엇인지, 예체능에는 어떤 소질이 있는지 등. 잘 발견하기 위해서 재능에 대한 기준을 성공한 사람에게 두지 말자. 부모 기대치가 아닌 아이 눈높이로 바라보면 더 잘 볼 수 있다.

　편안한 마음으로 아이가 행동과 말로 표현하는 것에 귀 기울이고 관찰해보자.

우리 아이만 뒤처지면 어떡해요

자녀가 원하지 않는 상황에서 부모의 불안감 때문에 시키는 사교육은 효과가 없다. 왜 학원에 가야 하는지도 모르겠고, 학원에 가서 공부하고 싶은 마음이 없는 아이를 억지로 학원에 앉혀 논다고 한들 얼마나 도움이 될까? 수업에 집중이나 할까? 숙제는 제대로 해갈까? 강제로 하는 공부는 오히려 흥미를 더 떨어뜨릴 수 있다.

친구 사무실에 잠시 들렀다. 커피를 내려 테이블에 앉았다. 지수 영어 학원 문제 때문에 고민이 많다고 했다. 영어 학원을 보내고 싶은데, 지수가 안 간다고 버티는 모양이었다. 공부 주체인 지수가 싫다는데 꼭 보내려는 이유가 뭔지 물어보았다. 그냥 불안하다는 거였다. 다른 아이들 대부분 다니는데, 지수만 안 가면 공부를 못하게 될 것 같다고 했다. 영어, 수학 학원은 기본으로 보내야 한다는 시아버님의 성화도 친구의 불안감을 키우는 것 같았다.

또래 친구들 대부분이 다니는데, 자기 딸만 갈 생각이 전혀 없다고 하니 불안한 친구 마음도 이해는 되었다. 다 같이 뛰는데, 나만 안 뛰고 있으면 뒤처질 것 같은 불안감이 드는 것은 당연했다. 그래도 억지로 보내는 건 신중해야 한다. 돈 낭비로 끝날 수 있다. 게다가 엄마가 아이를 픽업이라도 해줘야 한다면 둘 다 시간 낭비까지 하게 되는 셈이다.

비단 영어 학원만 문제이겠는가! 대한민국에서 자녀를 키우는 대부분 집은 사교육 문제에서 자유롭지 못하다. 학교에 다니게 되고 학년이 올라갈수록 고민의 깊이가 더해진다. 안타까운 현실이다. 공부를 잘하거나, 본인이 필요해서 사교육을 원하면 그나마 낫다. 문제는 자녀가 다닐 생각이 없는데 부모가 불안해서 억지로 보내려고 하는 경우다. 부모의 강압에 못 이겨서 억지로 간다고 한들 그 교육이 어떤 효과가 있을까?

며칠 후에 친구를 다시 만났는데, 여전히 영어 사교육 때문에 고민이 많았다. 지난번보다 더 심각해졌다. 진지하게 대화를 나눠볼 필요가 있어 보였다. 우선 지수가 학원을 안 가겠다는 이유부터 물어봤다. 특별한 이유는 없었다. 학원 가는 게 귀찮기도 하고 학원 갈 필요성을 못 느껴서 그냥 집에서 한다는 것이었다. 강제로 보내면 억지로라도 갈 수 있지만, 지수가 의미 없는 공부를 하지 않아서 다행이라는 생각이 들었다.

우선 지수가 집에서 하겠다고 했으니 억지로 보내기보다는 스스로 할 수 있도록 도와주길 권했다. 내 말이 끝나기 무섭게 친구 입에서 나온 또 다른 대안에 할 말을 잃었다. 혼자 하겠다는 지수한테 개인 과외 시킬 생각을 하는 것이었다. '저렇게 아무것도 안 하는 것보다 낫지 않을까? 학원가는 게 귀찮다고 하니 그럼 집으로 선생님이 오게 해주면 하지 않을까?' 정말 사교육은 부모들의 불안감을 먹고 자란다는 것을 한 번 더 실감케 했다.

초등학교 때부터 과외받는 것은 주의해야 한다. 어릴 때부터 떠먹여 주는 공부에 길들여지면 공부하는 힘을 기를 수가 없기 때문이다. 갈수록 편한 공부 방법만 찾게 된다. 편한 공부에 익숙해지면 중학교, 고등학교 때 진짜 공부를 스스로 할 수가 없다. 공부는 단거리 달리기가 아니기에 멀리 볼 필요가 있다. 결국 공부는 본인이 해야 하기에 스스로 하는 힘을 길러줘야 한다.

대화할 때도 마음이 무거웠지만, 헤어진 후에도 안타까운 마음이 떠나질 않았다. 친구의 가정 경제 상황이 넉넉지 않음을 잘 알기 때문이다. 어렵게 번 돈으로 자녀 교육에 투자하려는 엄마의 마음을 모르는 건 아니다. 하지만 그것이 자녀에게 도움이 되는 게 아닌 순전히 부모 불안감에 의한 것이기에 말리고 싶을 뿐이었다. 나중에 자녀가 원할 때 해주는 게 지금보다 좀 더 효과적일 거라는 말과 함께.

자녀 학습에 대한 여러 고민이 여기저기서 들린다. 영어, 수학은 기본으로 해야겠고 여유가 되면 국어와 과학도 학원 시간표에 추가

하려고 했다. 초등 때는 예체능도 해야 하니 어찌 보면 초등학생 학원 스케줄이 제일 바쁘다. 경제적 여유가 없음에도 사교육을 여러 개 시키는 것도 문제이지만, 아이가 원치 않음에도 부모의 불안감, 욕심에 억지로 시키는 사교육은 더 심각하다. 이런 경우 내 아이는 학원 전기세 내주기 위해 다닐 가능성이 크다. 한마디로 교육에 투자하기보다 그냥 돈을 버리는 꼴이다.

불안감에 사교육 시장에 발을 들이기보다 자녀가 도움을 원할 때 적극적으로 지원해주자. 그러기 위해서 흔들리지 않을 부모의 교육 방향과 가치관이 일차적으로 정립되어야 한다. 정립은 끝이 아니고 자녀 교육을 위한 긴 여정의 시작이다. 교육 방향성이 흔들리지 않게 단단한 내공을 기르는 연습도 꾸준히 해야 한다. 그러지 않으면 주변 상황에 따라 수시로 흔들릴 수밖에 없다. 교육 때문에 불안할수록 답을 밖에서 찾으려 하지 말고 초점을 내 안으로 돌리고 어떤 것이 도움이 되는 길인지 생각해보자.

다음으로는 자녀의 성향과 공부그릇을 파악하는 것이 중요하다. 무엇을 좋아하는지, 공부그릇은 어느 정도인지 파악해야 한다. 이것만으로도 불필요한 사교육을 하는 실수를 줄일 수 있다. 자녀와 대화를 자주 나누며 공부 방향과 실천 방법에 대해 함께 의논해 보는 것도 좋다.

소신 교육을 하기 위한 내공

친한 동생과 밥을 먹으러 식당에 갔다. 잠시 후 동생 지인도 합류했다. 예정된 것은 아니지만, 갑자기 연락이 와서 같이 먹게 되었다. 주문하고 약간의 어색함 속에서 음식이 나오기를 기다렸다. 그 사이 동생이 지인에게 나를 수학 선생님으로 소개했다. 그 말이 끝나기가 무섭게 바로 나온 말이

"와~ 학원비 안 들어서 좋겠다!"

초면이었지만, 동생 지인의 반응에 웃음이 나왔다. '돈, 돈, 돈 하면서 사는 사람이라고 몇 번 이야기를 들은 적이 있는데, 역시나 이번에도 돈과 연결된 반응이네.' 한편으로, 씁쓸한 생각도 들었다. 얼마나 사교육비가 부담되면 부럽다는 반응이 바로 나왔을까 싶었다. 사교육비가 가정 경제에 큰 부담이 된다는 말이 진짜구나 싶었다.

사교육 시장은 이런 불안감을 먹고 쑥쑥 자라는 것 같다. 내 아이

만 뒤처지면 어떡하냐는 부모의 불안감, 학원 안 다니면 뒤처질 수 있다는 학생의 불안감을 상담할 때 자주 접한다. 이런 허수를 줄이기 위해 상담한 학생들의 수업을 무조건 진행하지는 않았다. 학생이 원해서가 아닌 엄마의 열성으로 수업을 맡기고자 하는 경우는 상담만 해주고 돌려보냈다. 엄마 손에 이끌려 억지로 오는 아이가 열심히 할 가능성은 매우 낮기 때문이다. 다음으로는 아이들에게도 한 번 더 생각할 시간을 주었다. 학원 다니고 과외를 받으면 성적은 저절로 올라갈 것이라고 맹신하는 학생들이 주 대상이었다. 자발적인 노력 없이는 절대적으로 불가능함을 인지시킨 후 공부하는 이유를 진지하게 생각해보길 권했다. 필요성을 깨닫고 주도적으로 하겠다는 결심 없이는 원하는 결실을 기대하기 힘들기 때문이다. 곰곰이 생각해보고 이번 계기에 제대로 해 봐야겠다는 결심이 선 후에 수업을 받도록 했다. 학원과 과외는 도움을 받는 곳일 뿐, 진짜 공부는 스스로 하는 것이라는 것을 깨닫는다면, 사교육 시장의 허수가 많이 줄어들 것이다.

친구 집에서 차 한 잔 마시며 이야기를 나누고 있었다. 그날따라 친구 전화기가 바빴다. 통화를 마친 친구가 이야기를 시작했다. 지은이가 다닐 영어 학원을 알아보고 있는데, 마땅한 곳이 없다는 것이었다. '이미 영어 유치원을 다니고 있는데? 영어 학원까지 보낸다고? 아직 여섯 살인데…' 친구의 고민이 그저 놀라울 뿐이었다. 6살인데 영어 학원이 필요하다니… 미디어를 통해 접했던 조기 교육 유행이

빈말이 아님이 느껴졌다.

놀라서 질문을 쏟아낸 나에게 친구가 상황 설명을 해주었다. 영어 유치원에서 프로젝트 수업한다고 반을 수준별로 A반, B반, C반으로 나누었다고 한다. 지은이는 B반으로 배정을 받았다고 한다. A반으로 들어가기 위해 영어 학원의 도움이 필요하다는 것이었다. 정 안 되면 과외라도 붙이겠다는 친구의 결심을 들으니 영어 유치원의 경쟁 분위기가 예상되었다.

원어민처럼 좋은 발음 구사를 위해 유아 구강구조 수술을 하는 경우가 있다는 뉴스를 오래전에 접한 적이 있다. 그때도 충격적이었지만, 가까운 지인을 통해 접한 영어 유치원 상황도 만만치 않게 놀라웠다. 관심을 넓혀보니 일반 유치원에서도 경쟁 레이스는 펼쳐지고 있었다. 초등학교 준비라는 명분으로 일반 유치원에서도 인지 공부를 많이 시키고 있었다. 이 상황에서 우리 아이만 뒤처지면 안 되기에 엄마들은 학습지를 시켰다. 하나만 하려고 했던 학습지는 계속 가짓수가 늘어갔다. 대표적인 두 가지 유혹이 있다. 아이가 능력이 되니 과목 수를 늘려서 키워줘야 한다는 유혹과 아이가 잘 못 따라오니 보충이 필요해서 도움이 되는 수업을 추가해야 한다는 유혹이다. 이래저래 어린아이들이 풀어야 할 학습지 양은 갈수록 늘어만 간다. 여기서 공부에 흥미를 잃어버리는 아이도 적지 않다.

선행 학습 문화가 커지면서 6개월 선행이 1년으로 확대했다. 그러다가 1년 반, 2년… 이제는 초등학교 고학년 때 중학교 내용을 하고, 중학교 때 고등학교 내용을 하는 게 어색하지 않게 되었다. 중학생 아이들에게 고등학교 수학을 가르치면서도 한편으로 마음이 무겁기도 했다. 중학생 내공으로 어려운 고등학교 공부를 미리 하느라 낑낑대는 모습들이 안쓰러웠기 때문이다.

하루는 서울 사교육 현장을 좀 더 자세히 접할 기회가 있었다. 내가 가르치는 학생들 고생은 고생도 아니었다. 서울에서 선행학습을 좀 한다는 학생들은 이미 초등학교 5~6학년 때 고등수학을 하고 있었다. 와! 할 말을 잃었다. 고등 문제를 중학생이 풀기도 어려운 일인데, 이제는 초등학생 때 풀어야 한다니… 중학교 때 고등수학 선행을 한 학생과 초등 때부터 선행을 해서 올라온 학생이 고등학교에서 경쟁이 될까? 물론 선행학습이 나은 실력을 보장해주는 것은 아니지만, 공부량으로 본다면 넘기 힘든 차이는 분명 존재한다.

이렇게 답 없는 무한 경쟁이 더 밑으로 내려가진 않을까 염려가 된다. 상위 내용이 하위로 내려갈수록 소화가 가능한 학생들은 줄어들기 마련이다. 하지만, 다들 선행학습을 하는데 내 아이만 안 하면 뒤처질 것 같은 불안감에 더 많이 발을 들여놓게 될 것이다. 학원 보내고 학원에서 레벨 좋은 반에 들어가기 위해 따로 과외를 받아야 하고… 이런 분위기라면 사교육은 영원할 수밖에 없을 것 같다. 불멸의 사교육 시장에서 시간 낭비, 돈 낭비 하지 않을 방법은 없을까!

사교육을 하지 말자는 게 아니다. 사교육이 무조건 나쁘다는 것은 더더욱 아니다. 분명, 사교육이 필요한 상황도 많다. 잘 활용하면 큰 도움도 받을 수 있는 경우도 적지 않다. 올바른 사교육 활용을 위해 필요한 것이 교육 독립이다. 이웃집을 따라 하는 교육이 아닌 내 아이에게 맞는 소신 교육을 하기 위한 내공이 필요하다.

첫째, 우리 집 아이 성향에 맞는 교육 방향과 부모의 교육 가치관을 세우자.

둘째, 쉽게 흔들리지 않는 단단한 내공을 다지기 위한 공부를 꾸준히 해나가자.

이 두 가지 실천으로 교육 독립을 할 수 있다. 흔들리고 편한 길을 찾고 싶을 때마다 기억하자! 공부하는 부모만이 내 가정을 건강하게 지킬 수 있다는 사실을.

아이에게 시행착오도 필요하다

꿈이 있다는 것은 하고 싶은 일이 있다는 것이다. 그것을 준비해 가는 과정은 능동적일 수밖에 없다. 중간에 이탈하더라도 꿈 덕분에 제자리로 돌아오기가 수월하다. 그래서 상담하는 아이들마다 꿈이 있는지 물어본다. 없다고 대답하는 아이들이 대부분이다. 꿈은 있다가도 없어지기도 하고, 변경되기도 하니깐 현재 없는 것은 괜찮다고 말해준다. 대신 지금부터라도 꿈을 찾기 위해 자신을 더 탐구해보는 시간 갖기를 권한다. 간혹 꿈이 있다고 대답하는 아이들이 있는데, 전혀 신나 보이지 않는다. 대답하는 표정도 무덤덤하다. 한두 가지 질문을 더 해보니 이유를 바로 알 수 있었다. 아이가 대답한 꿈이 본인 꿈이 아니었다. 부모가 바라는 직업이거나 어렸을 때부터 부모가 심어준 꿈인 경우였다. 본인이 좋아하고 원하는 길이 부모가 심어준 꿈과 크게 다를수록 미래에 대한 기대감이 적었다.

원하는 길이 일치하더라도 부모의 간섭은 최소화하는 게 좋다. 고등학교 1학년 때 만났던 정현이는 공부를 상당히 잘하는 아이였다. 의사인 정현이 부모는 자녀도 의사가 되길 원했다. 다행히도 정현이도 의대를 목표로 열심히 공부했다. 교내 수학 시험이든 모의고사든 대부분 만점 맞을 정도로 실력이 뛰어났다. 2학기 중간고사가 한 달 정도 남았을 때 엄마한테 연락이 왔다. 시험 때까지 봐줬으면 하는 문제집과 내용에 대해 말씀하셨다. 학부모가 수업 내용까지 깊이 관여하는 것을 배제하고 있는 나에게는 편치 않은 전화였다. 학교 교재도 다뤄주고 있었기에 아이가 충분히 전달할 수 있는 내용이었다. 설사 아이가 말하지 않더라도 시험 준비하면서 점검하는 부분이었다. 더군다나 정현이처럼 공부를 꽤 잘하는 아이들은 대부분 스스로 챙겨서 하기에 학부모 부탁이 낯설었다.

수업 시간에 아이가 가져온 문제집을 보니깐 이해가 되었다. 정현이가 다른 사람 문제집을 가져온 줄 알았다. 틀린 문제에 붙은 라벨지, 틈틈이 적혀 있는 어른 글씨. 처음 보는 광경이었다. 엄마의 정성에 감탄하며 넘겨봤다. 아이는 문제만 풀었을 뿐 그에 따른 오답이나 분석은 엄마 몫인 것 같았다. 자주 틀리는 문제, 계산 실수, 다시 풀어봐야 할 문제 등등 문제집만 보면 엄마가 공부한 책이라고 해도 이상하지 않았다. 공부하는 주체인 정현이가 할 일을 엄마가 내신해 준 셈이다. 과연 이것이 아이에게 도움이 될까? 오히려 아이가 경험하고 그 속에서 터득해야 할 배움을 부모가 박탈하고 있는 건 아닐까! 엄마의 과잉 보살핌 때문인지 정현이의 공부 태도에는 겸손이 부족했다. 머리도 좋고, 내신도 훌륭했지만, 안타깝게도 그해 의대 입시에는 좋은 결과를 얻지 못했다고 들었다.

대학에서 근무할 때 유독 바쁜 시기가 있다. 모두가 민감한 입시와 학기 준비 단계인 수강 신청 기간이다. 다른 업무보다 일도 많고 신경도 꽤 쓰이는 시기이기도 하다. 특히 신입생들은 수강 신청이 서툴다 보니 더 챙기게 된다. 수강 신청 기간에 신청 과목에 따라 점심도 못 먹을 정도로 전쟁통 같은 날이 있고, 여유롭게 진행되는 날도 있다. 하루는 점심 먹고 차분한 오후를 보내고 있는데 부모랑 학생이 학과 사무실로 들어왔다. 대학교 학과 사무실에 부모님의 등장은 흔한 일이 아니었다. 친절하게 인사는 했지만, 의아한 표정은 감추기 어려웠다. 무슨 일로 왔는지 조심스레 물어봤다. 교직에 관해 물어볼 것도 있고 자녀 수강 신청을 도와주러 왔다고 했다. 이건 또 무슨 상황이란 말인가! 대학생 자녀 수강 신청을 엄마가 해준다고?

종이 한 장을 꺼내고 궁금한 점을 물어보셨다. 교직을 받을 전략과 수강 신청 시간표에 대한 고민한 흔적이 역력했다. 엄마가 이것저것 질문을 하는 동안 아이는 꿀 먹은 벙어리처럼 옆에 앉아 있었다. 궁금한 점에 대해 대답을 해주면서도 헷갈렸다. 아이가 수업을 듣는 건지, 엄마가 수업을 듣는 건지!

물론 찾아온 부모의 마음은 이해한다. 일반과에서 교직을 이수하려면 1학년 학점을 잘 받아야 한다. 2학년으로 올라갈 때 선발되지 못하면 졸업 후 교육 대학원을 가서 교직을 이수해야 한다. 배정 비율이 과거 30%에서 10%로 줄면서 경쟁은 훨씬 더 치열해졌다. 수능은 못 보면 재수라도 하는데, 이건 학점이 아깝게 안 나와서 탈락이 되면 방법이 없기에 1학년 학점에 최선을 다할 수밖에 없다. 그러다 보니 같은 교양을 들어도, 같은 전공 선택을 들어도 학점을 잘 받을 수 있도록 선택해야 한다. 심지어 필수 과목이라고 해도 학점을 좀 더 잘 주는 교수님한테 듣고 싶은 것이다.

상담을 다 받은 후 만족하며 일어나셨다. 2학기 때는 학점 관리를 위해 학교 근처 고시원을 얻어서 생활하게 할 계획이라고 하니 교직 이수를 위한 치열함이 느껴졌다. 많은 대화가 이뤄지는 동안 함께 온 대학생은 한마디도 하지 않았다. 처음부터 끝까지 엄마가 질문하고 메모를 했다.

나중에 지도 교수님과 대화하다가 이 일을 언급하게 되었는데, 교수님도 한마디 하셨다. 본인도 학부모 전화를 한 통 받았는데, 전화한 이유를 듣고 깜짝 놀라셨다고 한다. 학부모가 교수실에 직접 전화하는 경우가 흔하지 않지만, 오랜만에 상담 전화를 받은 줄 아셨단다. 불행히도 상담 전화가 아니 아이 학점에 대한 항의 전화였다고 한다. 우리 아이 학점을 왜 그렇게 안 좋게 수셨냐고…. 생각지 못한 항의 전화에 기분이 상하기도 했지만, 당사자인 학생이 아닌 부모가 학점 문의를 대신하고 있는 현실이 안타깝다고 하셨다. 대학생이면 직접 찾아와서 시험지 확인하고 학점에 대해 문의할 수 있지 않을까! 더군다나 시험은 본인이 봤으니 더 잘 알 텐데 말이다.

부모가 자녀 인생을 대신 살아줄 수 없다는 것은 누구나 아는 사실이다. 공부도 마찬가지다. 시험을 보는 당사자인 학생이 직접 해야 한다. 실력을 키우는 과정에 겪는 시행착오도 본인이 경험해야만 하는 필수 과정이다. 시행착오를 줄여주고 싶은 부모 마음도 이해는 되지만, 크게 보면 자녀에게 도움이 되지 않는다. 시행착오를 줄여가는 과정 또한 아이들에게 새로운 공부가 될 수 있기 때문이다. 자전거를 처음 배울 때를 생각해보자. 넘어지고 다시 도전하기를 반복하면서 중심 잡는 방법을 익히게 된다.

아이가 넘어지지 않을 방법을 터득한 기회를 빼앗지 말자.
공부해야 하는 이유도 스스로 깨달아야 한다.
그 깨달음 위에 노력이라는 탑을 자발적으로 쌓아갈 수 있도록 한 걸음 물러나서 기다려주자.

환경이 아이를 만든다

　일요일 저녁 선배 언니 집에서 자고 다음 날 바로 출근하기로 했다. 아침에 일어났더니 언니는 이미 출근하고 없었다. 당시 언니는 고3 담임을 맡고 있던 터라 출근이 꽤 빨랐다. 엄마의 손이 좀 더 필요한 초3, 초1 자매에게 아침 인사를 건넸다. 엄마의 빈자리가 느껴졌지만, 아이들은 이 생활이 익숙한지 부지런히 등교 준비를 했다. 아침을 준비해줄까 하고 주방에 갔더니 이미 언니가 준비해놓은 반찬들이 식탁 위에 올려져 있었다. 딱히 챙겨줄 게 없어서 나도 출근 준비하러 방에 들어왔다.

　잠시 후 지혜가 노크하고 방문을 열었다. 월요일이니 일찍 출근하라는 선배 언니의 메시지를 전해주었다. 당시 나는 중학교에 근무하고 있었기 때문에 출근 시간이 언니보다 여유로웠다. 평소 집에서 출근하듯이 했다가 월요일 교통 체증으로 늦을까 봐 노파심에 알려준 거였다.

출근 준비를 다 하고 주방에 있는데, 잠시 후 아이들이 등교 준비를 마치고 식탁에 앉았다. 지혜가 밥을 뜨려고 하는 것을 내가 해주겠다고 했다. 밥을 두 그릇 떠서 아이들 앞에 놓았다. 이것마저 안 해주면 진짜 도와줄 일이 없어 보였다. 평소에도 본인들이 알아서 밥 먹은 후 설거지는 통에 담아놓고 반찬만 냉장고에 넣어 놓는다고 했다. 늘 하던 일이라 익숙하다고 귀엽게 말하는 모습이 어찌나 야무지던지.

조금 지나서 거실 쪽에서 가방을 챙기는데 식탁에서 대화를 나누는 자매의 대화가 들렸다. 서로 하교 시간과 오후 학원 일정을 공유했다. 맞벌이 부모들이 그렇듯 언니도 예체능 학원으로 아이들 오후 시간표를 짜놓았다. 학원을 다녀온 후에는 엄마가 퇴근하기 전까지 둘이 시간을 보내야 한다. 그렇다 보니 자매에게는 서로의 오후 일정과 만나는 시간이 중요한 것 같았다. 일찍 도착하면 숙제부터 끝내놓고 서로를 기다리기로 약속까지 했다.

초등학교 저학년 두 아이의 대화가 웃기면서도 기특했다. 엄마가 아침밥을 먹여주는 초등학교 1학년도 있고, 등교 준비도 엄마가 도와주는 아이들노 많은데, 지혜와 지수는 스스로 순비하고 학교에 갔다. 요일별로 다른 학원 일정도 잘 챙겼다. 엄마 도움이 필요 없는 숙제는 언니가 퇴근하기 전에 미리 끝내놓는다고 했다. 놀라운 이야기였지만, 아침에 자매의 행동을 보면 충분히 잘해낼 것 같았다. 어린 나이 지만 환경이 아이들을 독립적으로 만든다는 생각이 들었다.

사교육에서 수업할 때였다. 대부분 학생은 부모님의 픽업으로 수업을 편하게 다녔다. 유독 희진이만 대중교통을 이용하여 수업을 다녔다. 희진이에게 여름과 겨울은 특히 어려운 시간이었다. 여름 장마철에는 옷이나 가방이 젖어서 말릴 시간이 필요했다. 우산을 쓰더라도 신발이 비에 젖는 것은 피할 수 없었다. 늘 양말을 말려놓고 수업에 들어왔다. 겨울에도 수업 시작 전 준비시간이 길었다. 다른 친구들은 엄마 차에서 내려 한 층만 올라오면 되니깐 오자마자 바로 수업을 들어가지만, 희진이는 버스를 타고 다녀서 늘 완전 무장을 하고 다녔다. 장갑을 벗고, 따뜻하게 감싼 목도리를 풀고, 두꺼운 외투를 벗고 나서야 자리에 앉았다. 수업 끝나고 갈 때마다 돌아갈 채비 또한 남들보다 길 수밖에 없다. 밑에서 차를 따뜻하게 데우고 기다리는 부모님 차에 바로 타는 또래들이 부러울 법도 한데, 희진이는 그런 내색이 전혀 없었다. 한참을 걸어나가 버스를 타야 하지만, 늘 밝은 얼굴로 2년 동안 성실하게 다녔다.

희진이는 부모에게 불만보다는 감사함을 더 크게 가지고 있었다. 부모님이 타지에 계시기 때문에 픽업은 안 해주는 것이 아니라 못 해주는 사실을 이해했다. 버스 타고 다니는 고생보다 이렇게 사교육을 받을 수 있음에 고마움이 큰 아이였다. 부모의 픽업을 당연히 여기는 학생들과 대조되는 사고였다.

오히려 편하게 다니는 학생 중에는 엄마가 늦게 오거나 픽업에 문제가 생기면 짜증을 내기도 하고 수업을 펑크 내기도 했다. 수업받는 것이 부모를 위해서라고 착각하는 아이들도 많았다. 이런 생각이 밑바탕에 깔려 있으니 부모랑 트러블이 생기면 수업을 안 오거나 공부 안 한다고 파업을 하기도 했다.

어렵게 수업을 다니면서 단 한 번도 수업을 펑크낸 적이 없는 희진이. 비가 오나 눈이 오나 핑계 대지 않고 성실하게 수업을 왔다. 본인이 원해서 오는 만큼 숙제도 착실하게 해올 뿐만 아니라 공부도 주도적으로 했다. 부모가 곁에서 챙겨줄 환경이 아니다 보니 고등학교 3년 동안 기숙사 생활하면서 실력을 단단하게 쌓아갔다. 그 결과 본인이 목표했던 것보다 훨씬 더 좋은 결과를 만들고 대학 생활을 시작했다. 희진이가 노력했던 과정을 잘 알기에 대학 생활도 어떻게 해나갈지 훤히 그려졌다. 자기 주도적 학습 내공을 단단하게 다진 만큼 대학 생활도 멋지게 해내고 성장할 것이다.

부모가 만들어주는 환경에 따라 독립적인 아이 또는 캥거루족 아이로 클 수 있다. 미덥지 못해서 자녀가 할 일을 부모가 대신해준다면, 자녀가 고생하는 게 안쓰러워서 부모가 장애물을 계속 해결해준다면 과연 자녀가 독립적인 어른으로 자랄 수 있을까? 어른이 돼서도 문제가 생기면 해결해달라고 부모를 찾아오지 않을까? 자녀를 위한

다는 명분으로 시행착오를 통해 자녀가 배워야 하는 경험까지 빼앗
지는 말자.

주체적인 어른으로 자랄 수 있도록
스스로 할 수 있는 환경을 최대한 만들어주자.
그 속에서 자녀가 당연함보다는 감사함을 배울 수 있도록
한다면 더할 나위 없이 좋을 것이다.

진짜 공부가 주는 재미

5학년 후반쯤이었던 것 같다. 하교 후 피아노 학원에 가는 도중 신호가 걸렸다. 아이에게 공부하는 이유를 가볍게 물어봤다. 좋은 대학을 가기 위해서라는 일반적인 답변을 했다. 이어지는 질문에 대한 답도 예상했던 대로였다. 좋은 대학을 가는 이유는 괜찮은 곳에 취직하기 위함이고, 좋은 곳에 취직하면 월급을 많이 받을 수 있다는 대답으로 마무리했다.

좋은 대학 나온다고 좋은 곳에 취직한다는 보장은 없다는 점, 월급을 받을 수도 있지만 내가 다른 사람에게 줄 수도 있다는 점을 이야기하며 직업의 다양성을 언급했다. 대학은 선택이지 의무는 아니다. 남들이 간다고 따라가는 건 더더욱 아니라는 점을 강조했다.

저학년 때만 해도 '잘살기 위해서' '똑똑해지기 위해서' '학생이니깐' '배울 게 많아서' 등 다양한 이유를 말했는데, 고학년이 되니 대부분 학생이 말하는 대학 진학이라는 뻔한 대답을 했다. 고학년에 올라가면서 학교에서 배우는 공부 양도 늘어나고, 학원 다니며 선행학습하는 친구들이 많아졌다. 그러면서 대학을 위해 공부해야 하는 분위기에 자연스럽게 동화된 듯하다.

대학 합격을 목표로 하는 입시 레이스가 초등학교 고학년을 기점으로 시작된다. 초등 고학년 때 중학교 내용을 선행으로 배우고, 중학교에서는 고등 선행을 하는 것이 자연스러운 현상이 되었다. 문제는 모두가 이 레이스에 참가할 필요가 없음에도 다 같이 뛴다는 점이다. 남이 뛰니깐 그냥 따라서 발을 담그는 학생들이 생각보다 많다는 게 문제 심각성을 더한다.

"애들아! 공부 진짜 재미있지 않니?"

환하게 웃으며 말했다. 무심코 튀어나온 말이지만, 진심이었다. 문제를 풀던 학생들이 '내가 잘못 들었나?'라는 표정으로 쳐다보고 있었다. '공부 때문에 힘들어 죽겠는데… 선생님! 지금 우리 놀리는 건가요?'라는 메시지를 눈빛으로 보내는 아이도 있었다. 아이들 반응을 보는 순간 아차! 했다. 아이들이 느끼는 감정이 어떨지 상상이 되었기 때문이다. 동의는커녕 반감이 들었을 것이다. 바로 인정하고 수습에 들어갔다.

학생들이 하는 공부와 내가 말한 공부의 의미가 다름을 설명했다. 대학 입학을 위한 치열한 입시 공부와 평소 관심이 가고 배우고 싶던 공부를 하는 차이를 이야기했다. 전자는 경쟁을 전제로 하기에 공부 스트레스가 만만치 않을 것이다. 엄청난 양의 공부를 자발적이 아닌 의무감에 하다 보니 재미보다는 힘들다는 생각이 먼저 들 것이다. 반면 후자는 몰랐던 것을 새롭게 알고 배워가는 기쁨, 평소 궁금했던 점을 알아가는 재미가 크다. 입시에서 해방되고 나면 학생들도 진짜 공부를 하면서 공부가 주는 재미를 느꼈으면 좋겠다고 하니 원래부터 공부를 좋아했냐고 묻는다. 의아함이 덜 풀린 듯했다.

나 역시 제자들처럼 수능을 보고 심지어 본고사까지 보고 대학에 들어갔다. 같은 상황을 경험해봤고, 대학 입시를 준비하는 제자들과 함께였기에 누구보다 입시 공부의 힘듦을 안다. 단지, 마흔 넘어 공부가 재미있다는 것을 느끼면서 '이게 진짜 공부가 아닐까!'라는 생각이 들었다.

진짜 공부의 느낌을 전달하기 위해 학교 다닐 때 배웠던 세계사라는 과목을 예로 들었다. 시험 보려고 열심히 외웠던 기억이 났다. 국사와 달리 세계사는 외울 것들 이름이 왜 그렇게 긴지. 익숙하지도 않은데 이름까지 길어서 세계사를 싫어했던 기억도 떠올랐다. 슬픈 사실은 시험 끝나면 기억이 하나도 안 났다는 것이다. 벼락치기의 한계였다. 고등학교 때 시험용 세계사를 배웠을 때보다 가족 해외여행을 준비하면서 그 나라에 대해서 알아보는 시간이 훨씬 유익했다. 머리는 더 안 좋아진 나이인데 기억에 더 많이 남았다. 아마 스스로 원해서 알아보기 시작했고, 즐기면서 공부한 덕분이 아닐까!

초등학교 입학을 시작으로 대학 입시를 위한 12년간의 레이스에 참여한다. 부모가 제시해준 입시 로드맵에 맞춰 대부분 열심히 뛴다. 자발적으로 참여하는 학생들도 있겠지만, 대부분 환경에 순응하며 그냥 뛴다. 학년이 올라갈수록 경쟁은 심해진다. 더불어 학생들의 학업 강도와 중압감은 더 커질 수밖에 없다. 중간에 번 아웃 되고 퍼지는 아이도 있고, 끝까지 완주는 하지만 갈수록 뒤처지는 아이도 있다. 사춘기 시기에 지랄총량의 법칙을 채우느라 레이스에서 일탈했다가 다시 합류하는 아이들도 있고, 모범생처럼 착실하게 완주하는 아이들도 있다. 어떤 모습으로 대학 입시라는 관문을 통과하든 긴 인생 여정에 작은 허들 하나 넘은 셈이다.

우리는 흔히 인생을 마라톤에 비유하곤 한다. 마라톤은 경쟁에서 이기기 위한 달리기가 아니다. 나만의 속도로 42.195km 완주하는 것이 목표다. 하지만 현실은 학생들 성향이나 특성에 상관없이 한 관문을 향하여 레이스를 뛰게 한다. 자세히 들여다보면 20살 대학 입학을 목표로 그냥 뛰는 학생들이 대부분이다. 마치 대학이 인생 최종 목표인 것처럼 말이다.

이제 막 성인이 되는 20살. 사실 이때부터가 인생 마라톤의 진짜 시작이 아닐까!

우리 자녀들은 20년이 아닌 그보다 더 몇 배는 긴 인생을 살아가야 한다. 교육에 대한 로드맵을 짤 때 단기 20년이 아닌 그 이상을 바라보고 생각해야 하는 이유이다. 모두가 하니깐 우리 아이도 뛰어야

한다는 생각으로 억지로 밀지는 말자. 자녀가 인생이라는 마라톤을
완주할 수 있도록 그 힘을 길러주는 것이 더 중요하다.

내 아이에게 필요한 그 힘은 무엇일까?

내 아이에게 필요한 내공을 길러주기 위해

어떻게 도와주면 좋을까?

이런 질문에 대한 답을 만드는 것부터 교육 독립 시작이다.

chapter 2

회복탄력성
덕분에 살았다

실패는 내가 포기했을 때 주어진다. 아무리 넘어지고 깨져도 다시 일어날 수만 있다면 역경과 고난도 하나의 경험일 뿐이다. 실패를 경험할 뿐 삶을 실패로 마침표 찍지는 말자. 그러기 위해 절대로 포기하지 말자. 포기하지 않는 한 희망은 반드시 있다.

첫사랑 같은 영어

초등학교 때는 막연하게 선생님이 꿈이었다. 중학교에 와서 영어 선생님이라는 구체적인 꿈이 생겼다. 재미있는 사실은 나를 괴롭히던 영어를 매우 좋아하게 되었다는 것이다. 영어에 대한 애정 덕분에 중학생이지만 이미 진로 계획이 확실했다. 고등학교에 올라가면 2학년 때 문과를 선택하고, 대학은 영문과나 영어 교육학과에 진학하는 로드맵을 짰다.

생계 문제로 바빴던 부모님은 자녀 공부에 신경 쓸 여력이 전혀 없었다. 학교 보내는 것도 챙길 여유가 없어 각자 알아서 다녀야 했다. 초등학교 때부터 내가 도시락을 싸서 학교에 다녔다. 그런 상황에 부모님과 공부 이야기를 나눈다는 것은 상상할 수도 없는 일이었다. 담임선생님이 누군지, 학교 공부는 잘 따라가는지, 숙제는 제대로 해 가는지 궁금할 틈도 없으셨을 것이다. 힘든 일을 하시던 부모님에게는 가난을 벗어나는 게 우선 급한 문제였다. 5남매를 키우기 위해 살 공간을 만들어야 했고, 밥 안 굶기기 위해 일할 생각밖에 없으셨던 상황이었다.

아무런 준비 없이 중학교에 입학했다. 초등학교 졸업식 이후 유일하게 한 게 있다면 집에서 혼자 알파벳 외우는 거였다. 누가 시켜서 한 것은 아니었다. 학원 다닐 형편은 안 되니 스스로 뭔가를 해야 할 것 같았다.

중학교에 가면 영어라는 과목을 새로 배우게 된다는데… 기본이 알파벳이라는데… 그거라도 기본적으로 알아야겠다고 생각했다. 한글 처음 배울 때 기역, 니은… 했던 것처럼 말이다. 처음 배우는 과목이니 알파벳부터 자세히 알려줄 것이라고 믿었다. 알파벳 외워가는 것도 나름 예습이라 생각했다.

시간표를 볼 때마다 한숨을 쉬었다. 건너뛰고 싶은 과목 영어가 있을 때마다 마음이 무거웠다. 선생님은 학생들이 기본적인 것은 배워왔다고 가정하고 간단한 영어 문법부터 시작했다. 진도도 빠르게 나가셨다. 선생님이 하는 말들을 도무지 알아들을 수가 없었다. 시간이 흐를수록 영어 수업 시간이 얼마나 따분하고 답답했는지 모른다. 결국 이런 괴로움은 시험 결과로 나타났다. 수업 내용을 전혀 못 따라 가는데 어떻게 시험을 잘 볼 수 있겠는가. 새로운 시작답게 잘해 보려는 했는데, 결심이 무색해졌다. 차츰 영어는 피하고 싶은 과목이 되어가고 있었다. 방법을 찾으려고 헤맸지만, 결국에는 싫어하는 과목 1등이 되었다.

미운 영어를 멀리하고 가능성이 있는 다른 과목들에 집중하기로 했다. 내가 할 수 있는 최선이었지만, 오래가지는 못했다. 노력해서 다른 과목들을 잘 봐도 영어 때문에 평균이 크게 내려가니 무시할 수가 없었다. 중학교, 고등학교 때 영어와 수학이 제일 중요하다는 말을 하도 많이 들어서 영어를 완전히 외면할 수가 없었다. 이놈의 영어를 어떻게 한단 말인가!

방법을 찾아야 했다. 심하게 내성적이었지만, 용기를 내어 도움을 청하기로 했다. 반에서 영어 잘하는 아이 몇 명을 찾았다. 몇 마디 말이라도 나눠본 친구에게는 직접 물어보고, 그렇지 않은 아이에게는 쪽지를 보냈다. 영어를 잘하는 비결이 궁금했다. 영어 공부하는 방법이라도 배우고 싶었다.

학원 다닌다는 친구, 엄마와 함께 공부한다는 친구, 예습 복습을 철저히 하고 수업 시간에 집중해서 듣는다는 도덕 교과서 같은 이야기를 하는 친구, 워낙 기초가 튼튼해서 1학년 영어는 너무 쉽지 않냐고 말하는 친구… 내가 따라 할 노력형 친구는 한 명도 없었다. 어떻게든 노력해보려고 했으나 방법을 찾지 못해 여전히 골치 아픈 영어였다.

1학년 겨울 방학 때 영어 인생에 반전이 일어났다. 학교에서 보충 수업을 했는데, 담당 선생님이 바뀌셨다. 어찌나 수업을 잘하는지 귀에 쏙쏙 들어왔다. 희망이 보이기 시작했다. 그때부터 매일 배운 것들을 내 것으로 만들기 위해 복습은 물론이고 예습도 하기 시작했다. 수업 내용을 알아먹을 수 있다는 게 너무 신나서 공부했다. 이때가 영어 공부의 첫 시작이었다.

중학교 2학년 때 처음 다닌 학원에서 영어 선생님이라는 꿈을 만들어 준 선생님을 만났다. 덕분에 영어 공부를 원 없이 했고, 남은 중학교 시절 내내 영어 공부에 푹 빠져 지냈다. 쉬는 시간에도 단어, 문장 외우느라 늘 암기장과 함께였다. 골치 아픈 영어가 자신감 넘치는 과목으로 바뀌어 가고 있었다.

중학교 연합고사가 끝나고 고등학교 가기 전 쉬는 3개월 동안 혼자 학원 빈 강의실을 지켰다. 고등 심화 영어책을 독학으로 끝냈다. 종일 강의실에 있었지만, 영어 공부 자체가 재미있어서 힘든지 몰랐다. 뿌듯함에 기분이 좋았다. 늦은 밤 공부를 끝내고 집에 돌아가는 발걸음이 가벼웠다.

고등학교에 진학해서는 중학교 때만큼 영어 공부를 한 것은 아니었다. 더군다나 꿈도 바뀐 터라 다른 공부에 더 바빴다. 그래도 여전히 영어는 좋아했고, 중학교 때 많이 해놓은 공부 덕에 고등 영어가 할 만했다. 사립학교답게 학교 영어 공부량이 많아 그것만 잘 따라가도 실력 유지가 되었다. 실생활 영어인 듣기와 말하기는 약했지만,

시험 영어인 문법과 독해는 자신 있었다.

대학에 가서도 영어에 대한 애정은 여전했다. 교양 수업으로 영어 과목을 신청했다. 중·고등학교 때 공부해 놓은 역량 덕분인지 영어 수업 학점을 A⁺ 받았다. 이때 어찌나 짜릿했는지 모른다. 한 걸음 나아가 교내 어학 센터에서 영어 회화를 등록하고 적극적으로 참여했다. 스피치는 약하지만, 적극적으로 참여한 덕분인지 작은 장학금도 받았다.

석사 과정 수료할 때, 박사과정 수료할 때 졸업 시험이라는 것을 봐야 한다. 이때 영어가 필수로 들어간다. 큰 어려움 없이 봤던 석사 시험 때와 달리, 박사 졸업 시험 때는 영어를 너무 오랜 기간 쉬어서 걱정을 한가득 안고 봤다. 다행히도 합격으로 마무리 돼서 다시 영어 시험 준비를 해야 하는 불상사는 안 생겼다. 10년 동안 스스로 공부해서 쌓아놓은 밑거름 덕분이 아닌가 생각한다.

열심히 준비한 시험 평균을 깎아내리는 문제의 영어 과목. 수업 내용을 이해하지 못해 늘 답답한 영어 시간. 하지만, 어려움을 외면하지 않았다. 문제를 해결하고자 여러 시도를 해보고 노력했다. 그 덕분에 나중에 돌파구가 될 수 있는 환경이 만들어졌다. 수업을 따라갈 수 있다는 기쁨에 영어에 빠져들었던 시간, 영어 선생님이 되겠다는 꿈을 향해 영어 공부에 최선을 다했던 노력, 작은 성취감을 맛보게 해준 첫 경험이었다. 어린 나이지만 잘하고 싶은 마음에 스스로 노력했던 과정이 성장 과정에 좋은 영양분이 되어주었다.

우리 아이들이 이런 성취 경험을 많이 하면서 자라긴 바란다.

다시 태어나도 수학 선생님이 되고 싶다

2학년이 되면 무조건 문과를 선택하고 영문과에 진학할 계획을 갖고 고등학생이 되었다. 그러나 막상 고등학교 공부를 하다 보니 흔들렸다. 좋아하는 과목인 영어는 문·이과 공통으로 주요 과목이니 선택에 영향을 주지 않았다. 문제는 국어와 수학이 계획했던 진로를 흔들었다. 국어와 한자 수업을 들으면 들을수록 문과를 가고 싶은 마음이 사라졌다. 국어 수업이 시작하면 한 손에는 자, 다른 손에는 볼펜을 들고 고개를 숙인다. 고개를 들 틈도 없이 선생님이 불러준 대로 밑줄 긋고 그 밑에 작은 글씨로 적기 바쁘다. 잘 쓰다가도 갑자기 지렁이를 그리게 될 때가 있다. 졸다 쓰다를 반복하다 보면 종소리가 울린다. 잠이 깨서 화이트로 수정하고 나면 책은 다시 안 보고 싶을 만큼 지저분하다. 국어 시간이 조는 시간으로 변해갔다. 국어 시간이 싫어졌다. 천성적으로 한자를 못 외우는 건지, 원래가 헷갈리게 만들어진 건지… 한자 암기에 어려움이 많았다. 반면에 영어는 스펠링이 아무리 길어도 잘 외워졌다. 한 번만 보면 단어와 뜻이 잘 연결돼서 외우는 게 재미있었다.

초등학교 여름방학이었다. 삼시세끼 밥을 하고 집안일 하느라 재미없는 방학이었지만, 지금까지도 선명하게 남는 기억이 있다. 여러 번 점심상 치우기를 마무리하고 시계를 보니 저녁 준비까지 2~3시간 정도 여유가 있었다. 방학 숙제 하려고 수학책을 꺼냈다. 노트에 문제를 풀어나갔다. 얼마나 지났을까? 숙제가 다 끝나서 펜을 내려놓는데 이마에 땀이 맺혀 있었다. 돌이켜보니 숙제를 하는 동안 한 번도 움직이지 않았다. 얼마나 집중했는지 시작과 끝 기억만 있을 뿐이었다. 이 뿌듯함은 뭐지? 왜 이렇게 기분이 좋지? 강한 기억으로 지금까지도 남아있는 걸 보면 아마 몰입과 집중을 처음 경험해보는 시간이었던 것 같다.

초등 수학은 양호했다. 두드러지게 잘한 것은 아니지만 학교 공부라도 성실하게 따라가니 뒤처지지도 않았다. 수학이 노력만으로는 한계가 있다는 것을 중학교 때 느꼈다. 벽 같은 것이 느껴져서 답답했다. 중학교 3년 내내 답답함은 지속되었지만, 영어 공부에 빠져 있던 시기라 해결하려고 애쓰지 않았다. 그저 수학을 잘하는 친구가 부러울 뿐이었다. 머리가 좋아서 잘하는 거라 여기며 안 좋은 머리 탓을 하기도 했다. 문과를 가면 수학은 큰 비중을 차지하지 않는다는 합리화도 부족한 수학 공부를 외면하게 했다.

고등학교 1학년 때 국어와 한자에 담이 쌓이는 동안 수학과는 급속도로 친해졌다. 그 당시 수학을 담당했던 선생님 덕분에 수학 공부가 즐거워졌다. 수학 잘하는 사람들이 부러웠고 나도 잘하고 싶다는 바람이 갈수록 커졌다. 수학 선생님들은 우상이었다. 특히, 여자 수학 선생님은 더 멋있게 보였고 닮고 싶어졌다. 자세히 관찰해보니 수학 선생님들의 공통점 하나가 보였다. 풀이 과정을 논리적으로 잘 쓴다는 점이다. 그때부터 나도 풀이 과정에 공을 들였다. 논리적으로 풀어가며 답을 찾아가는 과정이 재미있어졌다. 막혀서 고민하는 과정도 좋았다. 골똘히 생각하는 시간이 길수록 해결 방안을 찾았을 때 희열은 더 컸다. 수학의 매력에 빠져들었다. 좋아하는 영어는 문, 이과 공통이고 문과 과목보다는 수학이 훨씬 재미있었기에 나는 이과로 결정했다. 진로도 수학 선생님으로 변경했다. 그 후 꿈을 향해 수학에만 많은 에너지를 쏟았다.

20년 동안 수학이라는 매개체를 통해 학생들을 만났다. 수학을 어려워하는 학생들을 도와주는 게 즐거웠다. 의대를 가고자 하는 최상위권 아이들이 성적을 유지하고 원하는 목표를 이룰 수 있도록 이끌어주는 것에 희열을 느꼈다. 제자들의 합격 소식을 들을 때면 환호성이 저절로 나왔다. 며칠 동안 싱글벙글 지내며 밥 안 먹어도 배부르다는 느낌으로 지냈다. 학생들이 성장하고 꿈을 이루는 데 일조한다는 사명감에 내 직업이 천직이라고 생각했다. 그 소통 창구가 수학이라는 사실이 더할 나위 없이 좋았다. 아이들과 함께 수학을 공부하던 시간이 최고로 수학을 사랑했던 시절이었다.

개별 수업이 특히 즐거웠던 이유는 아이들이 답을 찾아갈 수 있도록 토론을 할 수 있었기 때문이다. 학교에서는 개인차가 크고, 많은 학생을 상대로 수업하기 때문에 교사가 설명하고 처음부터 끝까지 풀어줄 수밖에 없었다. 질문이 나와도 마찬가지이다. 개별로 수업하면 하브루타식 토론이 가능해진다. 아이의 질문에 내가 다시 질문을 던지는 과정을 반복하다 보면, 스스로 문제 풀 수 있는 방향을 찾게 된다. 본인이 왜 틀렸는지도 대답하는 과정에서 알게 된다. 그 순간부터 스스로 해결할 수 있게 된다. 질문하고 대답하는 과정에서 본인이 개념을 어떻게 잘못 알고 있는지 체크가 된다. 무슨 개념을 알고 모르는지도 정확하게 파악된다. 내가 제일 사랑하는 소리 중 하나는 토론 중에 나오는 "아~!" 아이들의 감탄사다. 뭔가 새로운 것을 발견했을 때, 막혔던 것이 해결되었을 때, 이해되었을 때 나오는 소리다.

학생일 때도 안 했던 새로운 습관이 수학 선생님이 된 지 10년이 지난 후에 생겼다. 그건 바로 '수학 문제로 두뇌 깨우기'이다. 아침에 일어나서 몸을 깨우기 위해 기지개를 켜듯 머리 회전을 위해 수학 문제를 풀었다. 누가 시켜서 하는 일도 아니고 수업 준비하는 것도 아니었다. 그냥 내가 좋아서 하는 거였고, 좋은 습관을 만들고 싶어 도전하고 즐겼다. 주변에 이야기하면 신기한 듯 쳐다보았다. '진짜 수학이 좋은가 보다'고 짐작하지만, 분명한 건 수학으로 학생들과 소통하면서 수학을 정말 사랑하게 되었다. 다음에 태어나도 수학 선생님을 다시 하고 싶을 만큼!

살아오면서 잘한 일 중 하나는 수학을 전공한 것이다. 고등학생 때 수학 선생님이 되겠다고 결정할 때만 해도 수학으로 논문을 쓸 거라고는 전혀 상상하지 못했다. 교육 대학원 정도는 계획했지만, 순수 수학으로 일반 대학원 진학은 한 번도 생각해보지 못했다. 사회생활 하다 우연히 대학원에 들어가게 되었고 그때 석사 논문을 정말 재미있게 쓴 덕분에 박사과정까지 밟게 되었다. 내가 걸어온 길이지만, 가끔 안 믿길 때도 있다. 중요한 사실은 내가 선택한 길이기에 최선을 다할 수 있었고, 과정을 즐길 수 있었다. 도와줄 사람도, 도움받을 곳도 없었기에 답을 찾기 위해 최선을 다할 수밖에 없었다. 이 과정들이 나를 키웠다.

스스로 노력해야 하는 환경들이
나를 더 단단하게 만들어줬음을 인정하지 않을 수 없다.

생존 독서에서 독서 혁명으로!

    손길이 닿는 곳, 발길이 향하는 곳에 항상 놓여 있는 물건이 있다. 그건 바로 일상을 함께 살아가는 책이다. '오늘 뭘 먹지?' 생각하듯, '오늘은 무슨 책과 함께할까?'도 늘 챙긴다. 그래서 거실, 침실, 책상, 차 안 등등 모든 곳에 책이 놓여 있다. 장거리 여행을 갈 때면 캐리어에도, 등에 메는 가방에도 책이 들어있다. 여기까지 들으면 독자들은 내가 책을 많이 좋아하고. 독서를 정말 사랑하는 사람인 줄 안다. 하지만, 현실은 그렇지 않다.

    세 번째 책인 《거북이 독서 혁명》에서 말했듯 나는 독서 핸디캡이 많은 사람이다. 30분 이상 책 읽는 게 어려운 사람이다. 속도도 남들보다 몇 배는 느려서 책 한 권 읽는데, 긴 시간이 필요하다. 서평까지 쓰려면 며칠은 족히 걸린다. 느려서 속 터지는 거북이 독서다. 대신 느린 거북이임을 인정하고 멈추지 않았다. 계속 엉금엉금 책장을 넘겼다. 책 덕분에 다시 살게 된 이후 독서는 일상이 되었다.

학창 시절을 떠올려보면 책이라는 단어가 꽤 낯설다. 그만큼 독서와 먼 삶을 살았다. 새벽 다섯 시 반에 일어나서 밥을 하고 도시락 싸서 학교에 가야 하는 현실. 늘 잠이 부족했다. 하교 후에도 가방 내려놓고 부엌으로 먼저 가야 했다. 초등학교 때부터 감당하기 힘든 가사노동과 함께였다. 육체적으로, 정신적으로 받았던 학대 때문에 일기장은 죽고 싶다는 말로 도배되었다. 학창 시절 내내 일기장에는 눈물 자국이 남겨졌다. 이런데 무슨 책 읽을 여유가 있었겠는가. 교과서도 눈에 안 들어오는데, 책은 무슨!!

20대에 종종 책을 읽긴 했지만, 그건 어디까지나 교양 수준의 독서였다. 당시 베스트셀러를 읽거나, 선물 받았기 때문에 읽거나, 추천받은 책을 가끔 읽는 정도였다. 성공한 사람들의 좋은 습관 중 하나가 독서라고 해서 따라 하려고 했지만, 쉽지 않았다. 그렇게 책과 가벼운 관계를 유지하다 3년간 서점에서 살게 되는 일이 생겼다.

서른을 넘어가면서 인생이 쫄딱 망했다. 수억의 빚을 지게 되었고, 매달 몇백만 원의 이자를 감당해야 했다. 사람들의 배신에 대인기피증도 생기고 건강도 안 좋아졌다. 여러 실패를 겪어서 내성이 생겼음에도 막상 메가톤급 시련을 또 마주하니 삶을 포기하고 싶어졌다.

두문불출하며 지내던 어느 날 잠깐 밖에 나갔다가 대형 서점 앞을 지나게 되었다. 평소에는 그냥 지나쳤던 곳인데 그날따라 들어가 보고 싶었다. 입구에 서 있는데, 서점 안에서 환한 광채가 뿜어져 나왔다. 내 의지와 상관없이 빨려 들어감이 느껴졌다. 죽을 때까지 읽어도 다 못 읽을 방대한 책들이 나에게 구세주처럼 느껴졌다. 지금 삶을 끝내려고 애쓰느니 그냥 이곳에서 책을 읽다 삶이 끝나는 것도 나쁘지 않아 보였다. 그렇게 서점에서 난생처음 독서라는 것을 시작했다. 3년 동안 서점으로 출퇴근했던 이 시기를 나는 생존 독서라 부른다.

엄마가 된 후 독박 육아를 하면서도 독서와 친해지려는 노력은 계속되었다. 아이가 낮잠 잘 시간에 맞춰 유모차를 끌고 서점으로, 은행으로 가서 책을 읽었다. 아이와 함께여서 집중은 다소 떨어졌지만, 독서 끈을 놓지 않으려고 애썼다. 시간이 흘러 아이가 초등학교 입학을 하게 되었다. 나에게는 인생 2막을 시작할 기회였다. 아이를 등교시킨 후 집으로 가지 않고 사무실 같은 카페로 출근해서 독서에 3시간 이상씩 할애했다. 독서 불치병으로 긴 독서가 안 되다 보니 토막 독서로 양을 채웠다. 주말마다 도서관에서 가서 장르 가리지 않고 다양한 분야의 책을 한 가득 담아와서 일주일 내내 읽었다. 주말에는 책 쇼핑하고 책을 탑으로 쌓아놓고 읽던 이 시기를 나는 '폭풍 독서'라고 부른다.

다방면의 책을 많이 읽었던 폭풍 독서 덕분에 글쓰기도 병행하게 되었디. 독서와 글쓰기를 함께하다 보니 직가라는 새로운 도전을 하게 되었다. 그 결과 내가 걸어온 길을 통해 사람들에게 용기와 희망을 주고자 했던 바람을 담은 책들이 세상에 나왔다. 경제적 자유에 대한 희망을 전하는 《부자는 내가 정한다》, 내 삶의 주인공으로 살 수 있다는 희망을 전하는 《머니라벨》, 누구나 독서로 인생을 혁명할 수 있다는 희망을 전하는 《거북이 독서혁명》까지. 독서를 통해 큰 도움을 받은 내가 타인의 삶을 돕기 위해 글을 쓸 수 있다는 사실에 독서하기 참 잘했다는 생각이 든다.

따사로운 햇살이 큰 창을 통해 거실을 비춘다. 몸을 감싸는 편안한 의자에 앉아 책장을 넘긴다. 가끔은 무릎 담요 위에 책을 펼쳐놓은 채 맑은 하늘을 감상하기도 한다. 옆 보조 테이블에 놓여 있는 녹차도 한 모금 마시며 그 시간을 음미하다 다시 책으로 시선을 옮긴다. 바라는 노년의 일상이다. 삶을 마무리하는 순간도 이런 모습이길 꿈꾼다. 건강한 몸을 위해 좋은 음식과 운동을 챙기듯 건강한 삶을 위해 평생 독서를 실천하고 있다. 일 년에 몇 권 읽기라는 목표보다 매일 책을 읽기를 실천하고 있다.

혹시 자녀가 책을 좋아하지 않아서 걱정인가! 자녀 독서를 걱정할 시간에 그냥 부모가 책을 읽는 게 훨씬 현명한 일이다. 거북이 독서 혁명에서도 언급했지만, 책 육아만이 정답은 아니다. 아이가 책과 친해지는 시기, 진짜 독서를 하는 시기는 아이마다 다를 수 있다. 그러니 자녀가 책을 안 읽는다고 애달아 할 필요가 없다. 독서 환경에 꾸준히 노출만 해줘도 자녀의 독서 스위치는 때가 되면 켜질 것이다.

변화는 늘 지속된 행동에서 비롯된다.

반짝 독서보다는 꾸준한 독서, 읽기만 하는 독서보다는

실천하는 독서 두 가지 노력에서 혁명이 시작된다.

부모, 아이 모두 각자 인생에서 독서 혁명을 만들어보자.

고난 덕에 길러진 강한 생활력

　꿈에서 들리는 소리인 줄 알았는데 알람이었다. 알람 소리가 왜 내 귀에만 들리는지 의아해하며 곤히 잠든 식구들을 바라봤다. 계속 자고 싶은 마음이 굴뚝같았다. 마음은 그러한데 맡은 임무가 있다 보니 무거운 몸을 일으켰다. 신발을 신고 부엌으로 나갔다. 찬물에 쌀을 씻어 밥을 안쳤다. 5시 30분에 울린 알람 덕에 오빠 도시락을 싸고 가족들 아침식사를 준비할 수 있었다. 혹시나 알람을 못 듣거나, 5분만 더 자려다 깜박 잠이 들면 그날은 눈물로 하루를 시작해야 했다. 엄마의 불호령이 채찍이었다면 아빠가 주는 당근도 있었다. 큰딸이기는 하지만 10살 아이가 엄마 대신 새벽밥을 하는 게 안쓰러웠는지 용돈을 조금 더 주시며 마음을 전하셨다. 가족들 밥을 걱정하며 늦잠 잔 것을 반성하고, 알람 소리 잘 듣자고 다짐하는 초등 3학년짜리 일기를 어른이 돼서 읽었다. 웃으면서 읽는 데 눈물이 글썽거렸다.

막둥이 한 살 때 광주로 이사를 왔다. 부모님 두 분 다 생업에 정신이 없었기에 어린 동생들 돌보는 것은 형, 누나 몫이었다. 그래봤자 초등학교 2학년, 4학년이었다. 막둥이를 등에 업어서 재우고 돌보는 건 9살인 나밖에 할 사람이 없었다. 부모님 일에 방해되지 않게, 가급적 울음소리 나지 않게 돌봐야 했다. 특히 엄마 심기가 불편한데, 동생 울음소리가 들리면 그 화살이 나에게 왔다. 엄마 품으로 가려는 동생을 등에 업고 집 밖으로 나왔다. 자장가를 불러주면서 동네한 바퀴 돌다 보면 동생은 어느새 곤히 잠들어 있곤 했다. 몇 바퀴를 돌아도 잠을 안 잘 때는 차 안으로 데리고 가서 거기서 놀아주다 품에 안고 재웠다.

2살, 2살, 1살, 4살, 5남매의 터울이다. 귀남이인 오빠는 늘 열외였다. 동생들 돌보고 뒤치다꺼리는 늘 내 몫이었다. 동생들 준비물 챙기고 숙제를 봐주는 것도 내가 할 일이었다. 생업에 바쁜 부모님의 빈자리를 메울 사람이 나밖에 없었다. 나도 엄마의 보살핌이 필요한 나이였지만 바랄 수 없는 상황이었다. 어려운 일이 생겨도 울면서 이겨내는 수밖에 없었다. 말할 곳도 기댈 곳도 전혀 없었다. 그나마 바로 밑에 동생이 크면서 도시락도 함께 싸고 집안일도 같이 할 수 있었다. 그래도 문제가 생기거나 시끄러운 상황이 발생하면 무조건 내가 제일 많이 혼났다. 잔머리를 살 굴리는 막둥이는 *가끔 그것*을 이용해서 원하는 것을 누나들에게서 쟁취해 가기도 했다. 얄미워서 한대 쥐어박고 싶지만, 그럼 또 울음소리가 나서 더 크게 혼날 것이 무서워 참았다. 자초지종 이야기도 안 들어보고 동생이 운다고 무조건 때리는 엄마도 미웠다.

저녁 내내 집안 분위기가 무거웠다. 조금만 잘못했다가는 큰 불똥이 튈 것 같아 알아서 조심하며 부모님 눈치만 보고 있었다. 물량 부족으로 작업장이 비상이었다. 잠시 후 트럭 한 대가 도착했다. 부모님은 물론이고 일하는 사람들까지 트럭에 둘러서서 닭을 손질했다. 어른들보다 속도가 느려 큰 도움은 안 되겠지만, 가만히 있는 것도 불편해서 면장갑을 끼고 어른들 틈 사이로 들어갔다. 장갑이 커서 일하기가 영 불편했지만 눈치껏 어른들이 하는 것을 따라 했다. 닭 내장을 꺼내고 속을 깨끗하게 비우는 일이었다. 지금은 하라고 해도 비위 상해서 망설였을 것 같은데, 그 당시는 징그러운 닭 내장보다 신경 쓰이는 것이 따로 있었다. 그건 바로 학교 친구들과 마주치는 일이었다. 시골이었다면 밥하고 집안 살림하며 학교 다니는 것이 낯선 풍경이 아니었겠지만, 자란 곳이 도시다 보니 친구들은 내 생활을 의아해했다.

"엄마 없어? 밥을 왜 네가 해? 도시락을 왜 네가 싸?"

"엄마한테 준비물 말 안 했어? 빨래를 왜 네가 해?"

뭐라고 설명해야 할지 몰라 침묵을 택했다. 어린 시절부터 익숙해진 고난한 삶이었다. 의구심을 가질 틈도 없었다. 힘겨운 삶을 살아내기도 버거웠으니깐…

엄마의 보살핌 속에서 자라는 친구들은 내 삶을 이해하지 못했다.

불쌍한 눈길을 보낼 때가 많았다. 그런 친구들이 지나가다 '지금 모습을 본다면 뭐라고 할까?' 혹시 짓궂은 남학생이 보고 '학교에 소문내면 난 또 놀림의 대상이 되겠지…' 이런 생각이 들수록 고개가 더 떨귀졌다. 그 당시는 징그러운 닭 내장보다 친구들의 놀림이 더 싫었다.

함박눈 때문에 겨울을 좋아한다. 도화지 같은 깨끗한 눈밭에 내 발자국을 처음으로 남기는 설렘, 작은 공만 한 눈을 계속 굴려서 큰 눈사람을 만드는 재미, 소복이 내리는 눈을 직접 맞으며 강아지처럼 여기저기 뛰어다니는 즐거움. 눈 내리는 날 하고 싶은 일이지만, 어디까지나 상상으로만 해야 한다. 눈이 온다고 좋아하면 졸지에 속없는 가시네, 철딱서니 없는 아이가 돼서 한 대 맞을 수 있다. 오토바이로 배달하는 아빠의 안전을 걱정해야 했다. 아빠의 무사 귀가는 물론이고 내일 장사까지 생각해서 좋은 내색은 꽁꽁 감춰야 했다. 지금와 생각해보면 생존법을 배울 수밖에 없는 환경이 절로 만들어졌던 것 같다.

겨울만 문제가 아니었다. 직장 생활을 하기 전까지 여름 휴가는 딴 세상 단어였다. 여름 한 철 장사해서 일 년 먹고산다고 말할 정도로 초복, 중복, 말복은 초비상이었다. 삼시세끼 밥을 차려야 할 때는 주방에서 일하고, 아침과 오후에는 가게에 투입되었다. 이러니 학창 시절 여름방학이 얼마나 싫었겠는가! 휴가는커녕 일복이 넘쳐나는 방학이니 고등학교 때 학교에서 하는 보충 수업이 구세주처럼 느껴졌다.

어려운 가정 형편, 극도로 무서웠던 엄마, 초등학생이 감당하기 버거웠던 가사 노동까지, 이 모든 것이 나를 일찍 철들도록 했다. 그래서인지 어릴 때부터 "속이 깊네, 일하는 손이 야무지네."라는 말을 많이 들었다. 어린아이가 바쁜 엄마를 대신해서 부엌일 하는 것을 기특하게 여기는 동네 이모들이 옷이나 먹거리로 나를 챙겨주곤 했다. 클 때는 살림꾼이라는 말을 많이 들었는데, 성인이 된 후로는 생활력 강한 사람으로 인식되고 있다. 나 역시도 그렇게 생각한다. 슈퍼 울트라 생활력을 가진 엄마에게 물려받은 자산 중 하나이다. 성인이 돼서도 여러 역경을 마주했지만, 강한 생활력이 도움이 되었다.

결핍이 만들어 준 자유

다음 날 학교 갈 가방을 싸는데 한숨이 나온다. 수첩에 적힌 미술 준비물을 어떻게 챙겨가야 할지 난감했다. 부모님이 늦으셨다. 새벽에 들어오는 엄마한테 말하기 위해 기다린다는 것은 말도 안 되는 일이었다. 언제 들어올지 모르는 시간까지 깨어있을 자신도 없고, 그때까지 안 자고 있다고 한 대 맞을 게 뻔했으니깐. 일하고 녹초가 돼서 새벽에 들어온 엄마한테 돈 이야기를 꺼낸 것은 화를 자초하는 일이었다. 쪽지를 남겨놓고 자는 것이 어린 내가 할 수 있는 최선이었다.

아침에 눈 뜨자마자 주무시는 엄마 주변을 살펴보았다. 달랑 쪽지만 보였다. 쪽지 주변을 아무리 넓게 찾아봐도 준비물 살 돈은 보이지 않았다. 낙담한 채로 부엌으로 갔다. 머릿속은 온통 미술 준비물 생각이지만, 손으로는 형제들 도시락을 싸고 아침을 준비했다. 학교 가려고 가방을 메면서 엄마 쪽을 한 번 더 쳐다봤다. '혹시나 일어나서 주려고 안 놔둔 것은 아닐까? 잔돈이 없어서 만 원짜리 주려고 그 러실까? 피곤해서 아침에 주려고 하지 않았을까?' 끝까지 희망을 못 버리고 주무시는 엄마에게 좀 더 큰 소리로 인사를 했다. 아무런 반 응없는 엄마를 뒤로하고 신발을 신는데 눈물이 핑 돌았다. 학교를 향 해 걸어가는 내내 눈물이 계속 흘렀다. 준비물 안 챙겨왔다고 앞에 나가서 매 맞을 생각에 눈물이 났다. 내 잘못으로 준비물을 못 챙긴 게 아닌데, 깜박했다고 둘러대고 혼나야 한다는 게 정말 속상했다.

학교 가려는데 비가 온다. 우산 통을 뒤지는데 멀쩡한 우산이 없 다. 한쪽이 찌그러진 우산, 얼핏 보면 멀쩡한데 군데군데 구멍 난 우 산, 천을 탱탱하게 받치고 있는 철심 여러 개가 끊어진 우산뿐이다. 할 수 없이 그나마 덜 쪽팔리는 우산을 골라 쓰고 갔다. 등굣길 내내 마음이 불편하고 짜증이 났다. 우산뿐 아니라 날씨 변화에 못 맞추는 옷도 스트레스였다. 쪽팔려서 학교에 안 가고 싶지만, 후환이 두려워 그냥 놀림 받고 상처받는 쪽을 택했다.

1년 365일 쉬지 않고 일하기 바쁜 부모님은 자식들 돌볼 여유가 전혀 없었다. 일곱 가족이 살 집 마련하고, 밥 안 굶기고 학교 다니게 해주기에도 벅찬 부모님이셨다. 언제나 우리 형제들은 엄마의 보살 핌을 받아볼까? 언제나 경제적으로 여유가 생겨 부모님이 고생을 좀 덜 할 수 있을까? 몸이 아파도 일을 쉴 수 없는 부모님을 보면서 돈의 힘이 크게 느껴졌다.

대학생이 되고 아르바이트를 시작했다. 직접 돈을 벌어보니 허투

루 쓰면 안 되겠다는 생각이 절로 들었다. 나라도 부모님 짐을 덜어드리고자 등록금을 스스로 해결하기로 했다. 장학금도 받을 수 있고, 학원이나 과외도 할 수 있어 가능할 것 같았다.

경제 독립을 선언하고 더 주체적인 경제 활동을 하게 되었다. 누가 시키지 않아도 스스로 가계부를 썼다. 예·적금 상품을 알아보고 활용하기 위해 은행을 자주 들락거렸다. 적은 돈이지만 통장에 돈이 쌓여가는 재미, 만기 후 두둑한 이자를 받는 즐거움, 여기에 조금 더 보태서 목돈으로 만드는 뿌듯함이 은행과 친해지게 만들었다.

선생님이 되는 게 꿈이었기 때문에 부에 대한 큰 기대는 없었다. 월급 받으면 저축하고 알뜰하게 생활하는 평범한 중산층 삶을 예상했다. 근검절약이 몸에 밴 부모님 덕분에 절약은 어렵지 않았다. 절약 정신이 돈을 벌면서부터는 저축으로 이어졌다. 꼬박꼬박 저축하는 습관이 자연스럽게 종잣돈을 만들어주었다. 재테크 책마다 언급된 종잣돈 만들기가 나에게는 세상 쉬운 일이었다. 매달 80만 원씩 12개월 적금을 넣으면 원금 960만 원에 이자가 40만 원 가까이 나왔다. 그럼 나는 몇만 원 보태서 천만 원 예금을 넣었다. 이런 예·적금을 놀이처럼 즐기면서 개수를 늘려갔다.

만약, 높은 이자가 유지되었다면 재테크 필요성을 크게 못 느꼈을 것이다. 계속 벌어지는 금리 때문에 은행으로만 국한되었던 금융 놀이터를 확대할 수밖에 없었다. 초심자 운이었는지 돈이 잘 굴러갔다. 실수해도 벌고, 잘못 사도 벌고! 그러다 보니 돈이 든든한 내 편 같았다. 이대로만 가면 돈 걱정 없이 일만 열심히 하면 될 것 같았다. 그러나 돈에 대한 핑크빛 감정은 그리 오래가지 못했다.

돈이 아군이라는 절대적 믿음과 돈이 커지는 속도에 올라타려는 욕심이 화를 불렀다. 돈 공부를 제대로 하지 않고 실천에 옮긴 투자가 큰 시련이 되었다. 스텝이 한 번 꼬이니깐 실타래가 더 심하게 엉키듯 상황을 악화시켰다. 악재는 한꺼번에 찾아옴을 실감했다. 젊음을 믿고 무모했던 나를 신이 혼내는 것 같았다. 무모하게 일을 벌이다 이자만 몇백을 물어야 하는 현실에 놓이게 되었다. 빚 무서운 줄 알아야 한다고 가르쳐주기 위해 이런 일을 겪게 하는 것 같았다. 돈에 대한 무지함 때문에 제대로 벌 받았다.

모든 것을 다 놓아버리고 싶은 순간까지 갔다. 돈, 사람, 건강 다 잃고 고통 속에서 허우적대고 있을 때 마라톤을 만났다. 달리기를 안 좋아하는 사람이지만 현실의 고통을 잊어보고자 도전했다. 3년이라는 시간이 걸리기는 했지만, 42.195km를 완주 덕분에 상처를 딛고 출발선에 다시 설 수 있었다. 빚을 감당해 나가면서 재테크 공부를 시작했다. 제대로 공부해서 두 번 다시 어리석은 일을 반복하지 않겠다는 각오였다. 끝나지 않을 것 같은 깜깜한 긴 터널을 포기하지 않고 묵묵히 걸어 나왔다.

가난한 어린 시절 덕분에 경제적 어려움을 또 겪고 싶지 않았다. 돈에서 자유롭고 싶은 간절함이 컸다. 쫄딱 망한 경험을 밑거름 삼아

그 위에 탑을 다시 쌓기 시작했다. 이번에는 제대론 된 탑을 쌓고자
애쓴 결과 10년 후 원하던 경제적 자유인이 되었다.

노래를 잘하는 친구, 춤을 잘 추는 친구, 공부를 잘하는 친구, 손 재주가 좋은 친구, 머리가 좋은 친구, 유머와 재치가 뛰어난 친구, 운 동을 잘하는 친구, 말을 잘하는 친구. 세상에는 부러운 사람이 참 많 다는 것을 학창 시절부터 확실히 느꼈다. 누구는 하나 잘하기도 힘든 데 다방면으로 잘해서 팔방미인이라는 별명을 가진 친구도 있었다.

나는 뭘 잘하지? 아무리 생각해봐도 떠오르는 게 없었다. 차라리 못하는 것을 쓰라고 하면 1초의 망설임 없이 계속 써 내려갈 자신이 있는데⋯ 새 학년, 새 학기가 시작될 때마다 배부되는 학생 신상 카 드를 계속 바라보고 있었다. 인적 사항, 가족 관계, 현황 조사, 학생 에 관한 정보까지는 술술 채워진다. 늘 막히는 부분은 취미와 특기란 이었다. 그나마 취미는 좋아하는 것을 쓰면 되니 부담이 덜 했다. 사 실 내가 뭘 좋아하는지도 정확히 모르긴 했지만, 좋아하는 것은 수시로 바뀔 수 있고 검증을 하는 것은 아니기에 크게 고민하지 않았다. 문제는 특기였다.

　매년 고민했지만, 매번 답을 찾지 못했다. 노래도 못하고, 춤도 못 추고, 잘 다루는 악기도 없었다. 운동도 좋아하긴 하지만 잘하는 것은 아니었다. 딱히 내세울 만한 것이 단 하나도 없었다. 그나마 초등학교 때 3년 정도 배웠던 피아노를 특기에 적어볼까 했지만, 피아노는 흔해서 악기라도 볼 수 없다는 음악 선생님 말씀에 바로 지웠다. 가뜩이나 기죽어 있던 학창 시절이었는데, 학년이 올라갈수록 '나는 잘하는 게 하나도 없구나'라는 것을 확인하며 더 위축되었다. 성인이 된 후에는 '특기가 뭐야?'라는 질문을 받을 일이 없었지만, 스스로 '나는 잘하는 게 없는 사람'으로 굳게 믿고 있었다.

　30대 후반 성당에서 수녀님에게 교리를 받는 날이었다. 5~6명 정도 참여했다. 인간은 누구나 하느님으로 부여받는 각자 달란트가 있다는 내용을 나누는 시간이었다. 그날 수업에 참여하는 모두에게 '당신의 재능은 무엇입니까?'라는 질문을 하셨다. 다른 사람들이 대답하는 것을 듣고 있는데, 차례가 다가올수록 가슴이 쿵쾅거렸다. 없다고 말하는 사람이 한 명도 없었기 때문이다. '뭐라고 대답하지? 그냥 지어낼까? 수녀님 앞에서 거짓말을 할 수는 없잖아!' 머릿속이 분주했다.

　"저는 아이들을 가르치는 데 소질이 있는 것 같습니다. 하느님은 저에게 그 재능을 주신 것 같아요."

완벽하게 정리된 상태에서 나온 답은 아니지만, 그간 걸어온 길을 빠르게 돌아봤을 때 드는 생각이었다. 설명이 귀에 쏙쏙 들어오고, 이해가 잘 간다는 게 학생들의 평가였다. 상담할 때 학생들은 물론이고 학부모님들까지 초집중해서 나에게 빨려들어 온다는 느낌을 받은 기억들이 떠올랐다. 잘 가르치지 못했다면 20년 넘게 천직이라고 생각하며 학생들과 함께하지 못했을 것이다. 학부모님들 사이에 내 번호가 돌지도 않았을 것이고, 대기하는 것을 감수하면서 수업을 부탁하지 않으셨을 것이다. 타고난 달란트인지 20년간 열정을 쏟은 덕분에 생긴 달란트인지는 알 수 없지만, 여하튼 잘하는 일 중에 하나로 인정하기로 했다.

마흔에 은퇴를 선물하고 싶다는 약속을 스스로 지켰다. 멈춤의 시간을 가졌다. 인생 전반전을 잘 마무리하고 후반전을 이제 막 시작하는 시점, 앞으로 남은 40년을 무엇을 통해 가슴 뛰는 삶, 가치 있는 삶을 살까? 고민하기 시작했다. 맨 처음 떠오른 생각이 재능기부였다.

'근데 난 잘하는 게 없는데, 무엇으로 재능기부를 하지? 아냐! 내가 모르는 재능이 있을 수도 있어. 내가 뭘 잘하는지, 내가 어떤 것을 진짜 좋아하는지 알아보자.'

다양한 배움과 경험에 노출시키며 진짜 나를 알아가는 여행을 했다. 한 2년 정도 지나니 내가 뭘 좋아하고 싫어하는지 분명히 보였다.

생각을 정리했다. 내가 좋아하고 잘할 수 있는 일인 상담과 코칭을 통해 도움이 필요한 이들을 돕기로 했다. 은퇴 전에는 학생들과 동행했다면, 인생 후반전에는 어른들의 성장에 힘을 쏟기로 했다. 이처럼 스스로 탐구하는 과정을 통해 가려져 있던 재능을 발견할 수도 있다. 노력하는 과정을 통해 잘하는 것을 만들어낼 수도 있다. 타고난 재능이 많은 사람이 부러울 수 있지만, 재능이 없다고 해서 기죽을 일도 아님을 깨달았다.

특기 칸을 채우는 것이 항상 부담이었다. 원래 자존감도 낮았는데, 잘하는 게 하나도 없다는 사실이 더 기죽게 했다. 이런 상황에서 내가 유일하게 할 수 있는 것은 성실이었다. 공부를 두드러지게 잘하지 못했어도 학교는 한 번도 빠지지 않았다. 우등상은 잘 못 받아도 개근상은 한 번도 빠지지 않고 받았다. 시험은 잘 봤다, 못 봤다 했지만 성실하기만 하면 되는 숙제는 빠트리지 않고 챙겼다. 자연스럽게 성실이 습관으로 정착되었다. 잘하는 게 없으니 성실하기라도 하자라는 마음이 나를 부지런히 움직이게 했다.

작가가 되어 사회 활동을 다시 시작했다. 기존에 걸어오던 길이 아닌 모든 게 새롭고 낯선 환경이었다. 더 넓은 세상으로 나오니 걷는 내 주변으로 뛰고 나는 사람들이 많았다. 본능적으로 또 기가 죽고 위축되었다. 그렇다고 포기할 수는 없는 노릇이었다. 학생 때 그랬듯이 이번에도 성실을 택했다. 갑자기 뛸 수는 없지만, 멈추지 않고 계속 걷는 것은 자신 있었다.

거북이가 토끼를 따라잡을 수는 없지만, 멈추지만 않으면 완주라는 목표를 달성할 수 있다는 이야기를 좋아한다. 성실하게 꾸준히 걸으니 놀라운 일이 벌어졌다. 낮잠 자는 토끼가 왜 이렇게 많은지, 심지어 토끼를 따라 낮잠 자는 거북이도 많았다. 놀랍게도 세상에는 성실하지 않는 사람이 많았다. 타고난 재능을 믿고 게으른 사람도 있었고, 재능이 없다면서 성실과 담쌓고 사는 사람도 있었다. 나의 성실함과 꾸준함이 돋보일 수밖에 없었다. 성실도 하나의 재능임을 세상이 깨닫게 해주었다.

마흔 넘어 세상이 알려준 재능 덕분에 이제는 자신 있게 말할 수 있다.

나의 재능은 성실함이라고!
무엇보다 꾸준하게 하는 건 자신 있다고!

포기하지 않는 한 희망은 있다

오랜 기간 20살 이전의 삶을 잊고 살았다. 까만 크레파스로 과거에 분노의 색칠을 했다. 영원히 떠오르지 않을 곳에 묻어버리고 기억에서 잘라냈다. 내 인생은 20살부터 다시 시작이라고 다짐했다. 하지만 지금은 아니다. 악몽 같아서 영원히 기억하고 싶지 않은 시절이었는데, 그 또한 내 삶의 일부임을 인정하고 받아들이게 되었다. 눈물로 도배가 되었던 어린 시절이었지만, 험난한 세상에서 살아가는 법을 배우게 된 시간이었음을 나중에 깨달았다.

새벽에 일어나 찬물로 쌀을 씻고 가족들 아침 식사를 준비하는 건 지금 하라고 해도 쉽지 않다. 그런데 나는 초등학교 3학년 때부터 해야만 했다. 방학 때는 하루 세끼를 감당해야 했다. 특히, 점심은 10명이 넘는 사람들의 식사를 준비해야 했다. 한꺼번에 못 먹으니 상을 차리고 치우기를 3번 정도 반복해야 점심이 끝났다. 밥하고 청소하고 빨래하면 하루가 다 갔다. 고등학교 1학년 때는 아침에 도시락 7개를 싸는 것으로 하루를 시작했다. 야간 자율학습을 끝내고 집에 오면 11시가 되어가는데 쉴 수가 없다. 도시락을 씻어야 다음 날 아침 또 쌀 수 있기 때문이다. 참으로 고된 가사 노동이었지만, 그래도 이건 약한 고난이었다.

초등학교 고학년 때였다. 종례 후 교실을 나왔다. 집에 가기 싫어 등나무 의자에 앉았다. '야, 또 맞으면 어쩌려고 그래? 얼른 가야지!', '아…진짜 집에 너무 가기 싫어' 계속 갈등이 일어나서 괴로웠다. 늦게 왔다고 혼나는 게 무서워서 계속 앉아 있을 수가 없었다. 억지로 끌려가는 소처럼 터벅터벅 발걸음이 무거웠다. 대문이 열려 있다. 놀고 있는 동생들과 눈이 마주쳤다. '엄마 있어?' 소리는 내지 않고 입 모양으로 물어봤다. 동생들이 고개를 좌우로 흔들면 안도의 한숨을 쉬며 가벼운 발걸음으로 대문을 넘었다. 하지만 동생들이 고개를 끄덕이면 다음 질문이 자동으로 나온다. 검지손가락 두 개를 머리에 대고 입 모양으로 물어본다. '엄마, 화났어?' 동생들이 아니라고 말하면 "학교 다녀왔습니다"라고 인사를 하고 들어간다. 만약 동생들이 고개를 끄덕이면 내 머릿속은 순간 하얀 벽지가 된다. 인사를 해야 할지 말지 심한 갈등이 일어난다. 인사하자니 엄마의 분풀이 대상인 내가 나타났음을 스스로 알리는 꼴이고, 안 하고 조용히 들어가자니 나중에 인사도 안 한 못된 년이라고 혼날 게 뻔했다. 이래도 맞고, 저래도 맞으니 어떻게 해야 할지 몰라 대문 앞에서 얼음이 되곤 했다.

　몸을 멍들게 하는 폭행, 영혼을 피폐해지게 만드는 폭언들에 마음이 병들어갔다. 매사 존재감을 부정당하며 숨만 쉬고 있었다. 일기장에는 죽고 싶다는 말로 도배가 되었다. 몸에 든 멍은 시간이 지나면 사라지지만 세뇌당한 폭언들, 마음에 박힌 깊은 상처들은 나를 끊임없이 괴롭혔다. 상처투성이고 우울함이 가득한 학창 시절, 힘든 삶을 끝내기 위해 수면제까지 모았던 적도 있다. 삶이 끝날 위기를 넘어올 수 있었던 것은 기댈 수 있는 선생님들이 계셨기 때문이다. 제자가 처한 환경과 어려움을 해결해줄 수는 없지만, 그저 들어주고 눈물 닦아주고 등을 토닥여주며 위로해주셨다. 초등학교, 중학교, 고등학교 모두 그런 선생님들이 한 분씩은 꼭 계셨다. 손을 잡아준 선생님들 덕분에 암흑같은 시간을 견뎌왔고 더불어 나도 선생님이 되어야겠다는 꿈을 가질 수 있었다. 선생님들께 받은 고마움을 나도 보답하고 싶었다. 훗날 나처럼 상처투성이인 아이들을 만나면 그 아이들이 삶을 포기하지 않도록 손을 잡아주는 선생님이 되고 싶었다.

　'내일 아침에 눈 안 뜨게 해주세요. 30년 넘게 전 후회없이 최선을 다해 살아왔고, 이제는 삶에 미련도 여한도 없습니다. 이제 그만 끝내고 싶어요'

　밤만 되면 이불 속에서 했던 기도다. 다시 큰 시련에 넘어지고 절망의 늪에 빠져 허우적거리며 서른을 넘어가던 시기였다. 숨 쉬는 것

조차 힘들다 보니 살아있는 그 자체가 고통이었다.

우연히 영화 〈말아톤〉을 보게 되었다. 주인공인 초원이가 마라톤 풀코스를 뛰면서 힘들어하는 장면에 꽂혔다. 숨을 헐떡이며 주로를 달리는 모습, 초원이의 터질 듯한 심장 소리, 숨이 곧 멈출 듯한 고통이 온전히 전해졌다. 초원이의 고통을 경험해보고 싶었다. 숨쉬기 힘든 고통이면 내가 처한 현실의 고통을 잊을 수 있을 것 같았다. 그렇게 나는 살기 위해 마라톤 동아리를 알아보고 달리기 시작했다.

달리기를 잘 못하는 나답게 오랜 시간 걸리기는 했지만 2008년 가을 춘천에서 풀코스를 완주했다. 내려오는 버스 안, 피곤한 몸과 달리 정신은 어느 때보다 맑았다. 새벽에 도착할 예정이어서 잠시라도 눈을 붙여볼까 했지만, 가슴이 쿵쾅거려서 잠을 잘 수가 없었다. 머릿속이 분주하게 움직였다.

'처음부터 다시 시작해보자! 포기하지 말고 한 번 더 해보자!'

골인 지점을 통과한 후 저절로 나온 말이다. 난생처음 도전한 풀코스 완주를 통해 다시 살아갈 힘을 얻었다.

강의를 듣고 눈물 흘리는 사람들이 항상 있었다. 먹먹해지고 눈물이 고이는 것을 감추고자 천장을 쳐다보는 이들도 많았다. 감정이입이 깊이 된 사람들은 아픔과 감동의 여운이 며칠씩 지속되기도 했다고 한다. 포기하지 않고 잘 버텨준 나를 통해 사람들은 용기를 얻었다. 은퇴 이후의 삶에서 터닝 포인트를 맞이하고 두 번째 가슴 뛰는 삶을 사는 나를 통해 희망을 꿈꿨다. 행동으로 옮기고 실천한 사람들은 변화를 맛보고 나에게 감사해했다.

20대 경험했던 많은 실패 앞에서 다시 일어나게 해준 말이 있다. "나를 죽이지 않는 고통은 나를 강하게 만들 뿐이다." 니체의 말이다. 너무 힘들지만 살아있으니 희망은 있다고 믿었다. 멈추지만 말자고 나를 다독였다. '포기하지 않고 이겨낸다면 누군가에게 희망의 증거가 될 수 있다.' 믿음으로 힘들었던 시간을 견뎌냈다. 그 결과 살아있는 게 고통이었던 삶이 지금은 살아있는 게 축복인 삶이 되었다.

실패는 내가 포기했을 때 주어진다.

아무리 넘어지고 깨져도 다시 일어날 수만 있다면
역경과 고난도 하나의 경험일 뿐이다.
실패를 경험할 뿐 삶을 실패로 마침표 찍지는 말자.
그러기 위해 절대로 포기하지 말자.
포기하지 않는 한 희망은 반드시 있다.

요리가 제일 쉬웠어요

'오늘 점심에는 무슨 국을 끓일까? 반찬은 뭘 만들지?'

방학을 보내고 있는 초등학생의 고민이다. 이번 방학 때 뭘 하며 지낼지 계획 세울 필요가 없었다. 바쁜 여름방학에는 내 시간이 아니었기 때문이다. 집 덜 바쁠 때 학교 다니고, 여름에는 바쁜 집에서 일하다 오라고 학교가 쉬어주는 것 같았다.

'오늘은 뭐하며 놀까? 오늘 무슨 책을 읽을까? 오늘 무슨 숙제를 할까?' 한 번도 생각해보지 못하면서 매년 초등학교 여름방학을 보냈다.

가족들 아침 먹은 거 치우고 방 청소까지 하고 나니 벌써 점심을 준비해야 할 시간이다. 10명이 넘은 사람들이 먹는 만큼 준비할 양이 많아서 서둘러야 한다. 식사가 차려지면 바로 먹는 게 아니라 어른들이 드실 수 있는 시간에 맞추어야 하기에 준비해놓고 대기해야 한다.

안 그러면 불호령이 떨어진다는 것을 알기에 부지런히 움직였다.

요리가 미리 준비된 날은 상을 여러 번 차리고 치우는 일만 하면 된다. 안 되어 있는 날은 가게에서 일하는 엄마가 요리 메뉴를 정해 주셨다.

"냉장고에 오징어 있으니깐 꺼내서 오징어 국 시원하게 끓여라, 재단 닭 가져다가 닭도리탕 해라, 돼지고기 사다 놓으니깐 김치찌개 끓여라, 콩나물국 끓이고, 오이 한두 개 무치고, 두부 부침도 해라."

학년이 올라갈수록 엄마가 주문하는 요리 난이도도 세졌다.

"콩나물밥 안치고 양념장 만들어라, 냉장고에 재료 있으니 매운탕 끓여라, 무랑 갈치 사다 놓으니 갈치 조림해라."

만드는 법을 물어보면 엄마는 요리 과정을 한 번에 다 말씀해주셨다. 초집중해서 듣고 부엌으로 와서 엄마가 알려준 대로 시작했다. 하다 보면 순서가 헷갈리거나, 중간에 이게 맞나 헷갈릴 때가 있다. 용기를 내서 한 번 더 물어보고 다시 부엌으로 와서 해봤다. 간혹, 양념장을 만드는 데 재료 하나가 빠진 것 같거나, 엄마가 말해준 대로 했는데 맛이 안 날 때면 긴장이 되었다.

'바쁜데 또 물어보면 혼날 텐데… 음식 제대로 못 만들었다고 욕 먹을 텐데…'

지금은 요리하다 막히거나 궁금하면 바로 휴대폰부터 찾는다. 블로그나 유튜브 검색하면 다 해결되니 얼마나 편한 세상인지 모른다.

방학이나 주말에는 종일 부엌에서 산 덕분에 웬만한 요리를 이

때 다 해본 것 같다. 엄마 설명만 듣고 어떻게든 만들어내야 하는 어려운 상황이었지만, 덕분에 커서는 요리에 대한 부담이 전혀 없었다. 초등학교 3학년 때부터 싸기 시작한 도시락은 아침마다 7개를 쌌던 고등학교 1학년 때가 절정이었다. 8년 이상 싸다 보니 도시락 반찬 만드는 것은 일도 아니었다.

하루는 결혼한 지 몇 달 안 된 친구가 처음 요리해 본 이야기를 전해주며 뿌듯해했다. 계란말이를 처음 만들어봤는데, 가족들이 잘 먹었다며 좋아했다. 학창 시절 수없이 만들어 본 반찬이라 그냥 웃기만 했다. 대학교 때 수련회를 가면 한 끼 식사 만들어내는 건 식은 죽 먹기였다. 친구들이랑 선배들은 신기해하며 맛있게 먹었다. 일찍 한 고생이 무조건 나쁜 것만은 아니었다. 세상을 살아갈 힘을 길러주기도 하니깐 말이다.

초등학교 때 명절만 되면, 다음에는 꼭 남자로 태어나겠다고 다짐했다. 우리 집은 명절에 제사상을 여러 개 차려야 해서 음식을 많이 했다. 전 종류만 해도 7~8가지를 했다. 종류별로 적지 않은 양을 부치다 보니 종일 팬 앞에 앉아 있어야 했다. 막내는 전 감에 밀가루를 묻혀 달걀 푼 양푼에 넣었다. 여동생은 달걀옷을 입혀 팬에 올려주었다. 전을 뒤집고 노릇노릇 부쳐 채반에 가지런히 내놓는 것은 내 몫이었다. 딸들은 종일 기름 냄새 맡아가며 중노동을 하고 있는데, 옆방에 있는 아들들은 티비 앞에서 키득거리며 명절 전날을 보냈다. 명절이라고 티브이에서 재미있는 프로를 많이 해주는데, 딸들만 볼 수 없으니 어찌나 억울하고 아들들이 부럽던지…

어릴 때는 명절 음식 만드는 게 참 고된 일이었다. 농담으로 내 명절 증후군은 초등, 중등 때 있었다고 말할 정도였다. 어느 정도 크고 나서는 이왕 해야 할 일 빨리 끝내고 쉬자는 생각으로 바뀌었다. 20대에는 각자 역할을 척척 해내서 음식 준비 속도가 빨랐다. 가끔은 명절 음식 만드는 게 즐겁기도 했다. 함께 전 부치면서 동생들과 나누는 수다가 힘듦을 덜 느끼게 해줬기 때문이다. 1년에 두 번 명절 음식 만들기를 25년 하고 결혼을 했다. 시댁은 제사도 없고 식구가 적다 보니 음식도 조금만 하게 되었다. 상황이 이렇다 보니 나는 결혼하고 명절 증후군에서 완전히 해방되었다.

요리를 어려서부터 해서인지 음식 만드는 게 익숙하다. 가족들 식사 준비할 때 손 빠르게 뚝딱 잘 만들어낸다. 가족들이 맛있게 잘 먹어주니 요리할 맛이 더 났다. 가끔 지인들이 맛있게 먹고 레시피를 물어볼 때가 있는데, 어릴 때부터 감으로 했던 터라 그냥 손맛으로 한다. 그래서인지 세련된 요리를 하는 올케도 내가 만든 음식은 엄마가 해주는 맛이 난다며 좋아해 준다.

가족 건강을 위해 대부분 식단을 집밥으로 짠다. 주변에 널린 인스턴트 식품, 주부들이 열광할 만큼 잘 나온 밀키트, 모두가 유혹이다. 나도 요리를 안 좋아하거나 못 했다면 유혹에 쉽게 넘어갔을 것이다. 그래도 어렸을 때부터 밥을 차리고, 많은 양의 명절 음식들을 오랜 기간 해온 내공 덕분에 건강한 식탁을 차려줄 수 있다고 생각한다. 이런 관점에서 보면 초딩 살림꾼은 의미있는 고생이었다.

육아로 어린 시절의 상처를 치유하다

나에게 은퇴를 선물하기 전까지 쉼 없이 일했다. 스리잡을 하면서 치열하게 20, 30대를 보냈다. 만삭일 때도 수업을 했다. 진통이 와서 병원에 입원하면서 수업 휴강 문자를 처음으로 보냈다. 출산 후 산후 조리를 한다고 쉬는데 답답했다. 모유 수유를 위해 미역국을 세끼 챙겨 먹지만 활동을 못 하니깐 소화가 잘 안 됐다. 수업을 기다리고 있을 학생들이 마음에 걸려 쉬어도 쉬는 것 같지 않았다. 결국 일주일을 못 버티고 수업을 재개했다. 더 쉬길 바라는 가족들 우려와 달리 나는 날아갈 것 같았다. 밥이 그렇게 맛있을 수가 없었다. 다시 생활에 활력을 되찾았다.

수입이 끝나고 나면 새벽 1시가 넘었다. 끝났다는 해방감에 내 시간을 보내고 싶은 마음도 있지만, 체력이 바닥난 상태였다. 빨리 씻고 잠자리에 들고 싶은 마음뿐이었다. 곤히 잠든 정민이 옆에 누웠다. 정민이를 품에 안으면 그날 피로가 사르르 녹아 없어지는 것 같았다. 오늘 하루도 열심히 산 나에 대한 고마움, 아이가 건강하게 내 옆에 있다는 감사함 등에 마음이 평화로워졌다. 그 시간이 당시 최고의 낙이었다.

그날도 수업이 늦게 끝났다. 얼른 잘 준비하고 정민이 곁으로 가서 눕고 싶었다. 새근새근 잠든 정민이를 보는 데 행복한 미소가 절로 나왔다. '자는 아이 모습은 천사라더니 진짜 맞네. 이쁘다.' 바라보는 자체만으로도 좋았다. 흐뭇한 표정으로 보고 있는데, 정민이 모습이 서서히 흐려졌다. 눈을 깜박이며 자세히 보려고 했는데 더 흐려졌다. 눈물이 볼을 타고 흘러내렸다. '이 눈물은 뭐지? 나 왜 우는 거지?' 너무 당황스러운 상황이었다. 우는 이유를 찾을 겨를도 없이 감정이 내 통제 밖을 벗어났다. 의지와 상관없이 대성통곡을 하고 있었다. 살면서 한 번도 그렇게 큰 소리로 울어본 적이 없었다. 가슴 한구석이 너무 아팠다. 시린 가슴을 부여잡고 한참을 울었다.

너무 울어서 힘이 다 빠졌지만, 마음은 달랐다. 불편하고 찜찜한 마음 가운데 뭔가 모를 약간의 후련함이 느껴졌다. 밀폐된 공간에 갇혀 숨을 제대로 못 쉬다가 잠깐 새로운 공기를 마시게 된 기분이라고 할까… 울음을 멈춘 지 한참 지났지만 잠을 잘 수가 없었다.

'왜 눈물이 났지? 왜 그렇게 서럽게 대성통곡을 한 거지?'

어렵지 않게 답을 찾을 수 있었다. 15년 전 깊은 바닥에 꽁꽁 묻었던, 기억 속에서 지워버리고 살았던 어린 시절이 갑자기 떠오른 것이다. 인정하고 싶지 않았지만, 더이상 피할 수 없음이 느껴졌다. 천사 같은 모습으로 자는 아이를 보면서 한 살의 내가 떠올랐다. 어떤 모습일지 상상도 안 되는 그 아이가 너무 불쌍했다. 정민이랑 종일 같이 있으면서 수시로 안아주고, "사랑해"라는 말을 넘치게 해줬다. 한 살의 김은정이는 지금의 내 아이가 너무 부러웠다. 한 번도 엄마가 나를 안아준 적이 없는데, 한 번도 "사랑해"라는 말을 들어본 적도 없는데, 심지어 우리 딸이라는 다정한 말 한마디도 못 들어봤는데… 고생만 왕창하고 컸는데… 15년이 지났는데도 아픔과 고통이 여전히 그대로 생생했다. 떠오르는 기억들과 함께 다시 눈물이 흘러내렸다.

한편으로 엄마의 삶도 안타까웠다. 10개월 동안 아이를 품고 엄마가 되고, 사랑하는 아이를 육아하는 시간이 여자에게 얼마나 축복받은 시간인데, 엄마에겐 한 번도 이런 삶이 허락되지 못했다는 사실이 슬펐다. 나를 새벽에 낳고 산후조리는커녕 몇 시간 후 다시 일하러 나가셨다고 한다. 이게 가능한 일인지 상상이 안 되었다. 미혼일 때도 그랬지만, 막상 출산을 경험하고 나니 더더욱 불가능하게 느껴졌다.

그 후로도 숨겨놓은 아픔들이 불쑥 도출되었다. 상처에 소금이 뿌려지는 쓰라린 시간이 계속되었다. 아팠지만 예전만큼 악몽이진 않았다. 피한다고 해결되지 않음을 알기에 마주하려고 노력했다. 20살 때보다는 삶이 더 성숙해졌고, 내면도 조금은 단단해졌기에 피하지 않기로 했다. 시간과 함께 아픔에 조금씩 무뎌졌다. 간혹 지인과 이런 이야기를 나눌 때면 항상 눈물이 났었다. 매번 울면서 이야기를 했었는데, 그 눈물도 서서히 줄어들었다.

과거 아픔에 마지막으로 눈물 흘린 날이 선명하게 기억난다. 《부자는 내가 정한다》 초고를 쓸 때였다. 저녁에 정민이를 재워놓고 노트북을 켜고 글을 썼다. 삶을 돌아보며 이야기를 써 내려가는데, 글자가 눈물에 가려 흐리게 보였다. 여전히 슬펐고, 어린 은정이가 안쓰러워서 눈물이 났다. 다만, 예전처럼 고통스럽거나 아프지 않았기에 글은 계속 써 내려갔다. 눈에서는 눈물이 계속 흐르고 손은 노트북 자판을 계속 두드리고 있었다. 눈물 흘린 마지막 날이었다.

오랜 기간의 독서, 글쓰기 그리고 배움을 통해 상처에서 많이 벗어났다. 육아 덕분에 내적 불행을 마주하고 치유하는 시간을 가질 수 있었다. 수십 년간 곪아있던 상처가 터지고 아물어가는 시간을 통해 삶 또한 단단해져 갔다. 오랜 기간 힘들고 암울했던 유년 시절 또한 내 삶의 일부분임을 인정하고 받아들이게 되었다. 그리고 나니 마음이 평온해졌다. 무덤덤하게 그 시절을 이야기할 수 있게 되었다. 힘겨운 삶을 사는 이들에게 용기를 주기 위해 33년 역경 이야기를 기꺼이 나눌 수 있었다.

이처럼 고난과 상처도 어떻게 풀어 가냐에 따라
나와 타인의 삶에 필요한 영양분이 될 수 있다.

엄마의 자존감이 먼저

임신하고 출산을 준비하면서 육아서를 읽기 시작했다. 서점에는 개월 수에 따라 친절하게 안내된 책들이 많았다. 골라 읽는 재미에 무거운 몸을 이끌고 서점에 자주 갔다. 출산 후에도 꼬리에 꼬리를 무는 독서로 여러 육아서를 읽었다. 처음 경험한 분야인 만큼 호기심이 컸고 배울 것이 많았다. 선배 엄마들, 전문가들이 전달하고자 하는 메시지에 귀를 기울였다. 읽는 책이 쌓이면서 나에게 도움이 되는 육아서가 어떤 분류의 책인지 자연스럽게 알게 되었다.

힐링, 웰빙, 워라밸, EQ 등 시기적으로 주목받는 주제와 단어가 있다. 자존감이라는 단어도 그중 하나다. 행복한 삶을 위해 자존감이 필수 요소처럼 여겨지다 보니 자녀의 자존감에 대해서도 부모들 관심이 커졌다. 요구에 부응하듯 아이 자존감에 관련한 책들이 끊임없이 나왔다. 성별에 따라, 연령대에 따라 자존감 향상에 도움이 되는

지침서가 다양했다. 자존감 관련 책을 읽다 육아서를 잠시 멈추게 만드는 내용을 만났다.

'아이의 높은 자존감을 위해서는 엄마의 자존감이 더 중요하다.'

즉, 자녀의 자존감을 길러주기 위해서는 엄마의 자존감이 먼저라는 것이었다. '엄마의 자존감?' 나의 자존감에 대해서 한 번도 생각하지 못한 터라 망치로 머리를 얻어맞은 것 같았다. 사실 생각해보고 말 것도 없이 막막했다. '내 자존감은 낮다 못해 거의 바닥, 아니 마이너스 수준인데 어떡하지!' 엄마의 자존감이 낮으면 자녀 자존감 형성에 부정적 영향을 미친다고? 불안했고 조바심이 났다. 육아서를 덮고 자존감에 관한 특히 성인 자존감에 도움될 만한 책을 찾아 읽기 시작했다. 이때부터 자존감 회복에 대해 처음으로 생각해보게 되었다.

말을 잘 못했다. 타고난 성향 자체가 순하기도 하고 부끄러움도 많았다. 크면서 입이 아예 닫혔다. 힘든 성장 과정이 안 좋은 쪽으로 악화시켰다. 어린 나이에 감당 안 되는 가사 노동에 늘 지쳐 있었다. 엄마의 분풀이 대상이다 보니 수시로 맞았다. 엄마가 공포의 대상이었다. 늘 엄마 기분을 살피고 눈치를 봐야 했다. 엄마의 삶이 고된 만큼 무지막지한 폭언들이 나에게 쏟아졌다. 수십 년간 지속되다 보니 영혼이 핍박당하다 못해 파괴되는 것 같았다. 존재감을 계속 부정당하니 죽고 싶다는 단어와 함께 자랐다.

학교에서도 존재감 없는 조용한 아이였다. 늘 움츠려 있고 주눅이

들어 있었다. 누군가 내 이름을 부르는 것도 싫었고, 주목받는 것도 몸서리치게 싫었다. 초등학교 6학년 때 무슨 시간인지 기억나지 않지만 내 번호가 불렸다. 꿈이면 좋겠다 싶지만, 쳐다보는 친구들의 눈길이 느껴졌다. 일어나긴 했지만 아무 말도 하지 않았다. 그냥 서 있었다. 선생님은 재촉도 해보고, 협박도 해보고, 달래기도 했지만 나는 요지부동이었다. 고개를 숙이고 책상만 보고 있었다. 시간이 유별나게 길게 느껴졌다. 창피하기도 하고 못난 내 모습이 싫기도 하고 그저 선생님이 나를 빨리 포기해줬으면 하는 바람뿐이었다. 결국 선생님은 화를 내며 앉으라고 하고 수업을 이어가셨다. 원숭이가 된 듯한 시간은 끝났지만, 씁쓸한 기분은 계속 남았다.

존재감도 없고 말도 못 하는 아이다 보니 장난꾸러기 남학생들에게 항상 괴롭힘의 대상이었다. 짓궂은 장난을 치고 물건을 빼앗았다. 수시로 놀리고 괴롭히는 게 그 녀석들의 즐거움인 것 같았다. 우는 것밖에 할 수 있는 게 없었다. 선생님에게 이르지도 못하고 그렇다고 집에다 말할 사람도 없었다. 그러다 보니 악동들의 장난은 더 심해졌고 나의 고통과 스트레스는 커져만 갔다.

여중에 진학하니 놀림이나 짓궂은 장난이 없어져서 좋았다. 그러나 그런 평온함도 잠깐이었다. 2학년이 되니 왕따를 조장하며 괴롭히는 친구가 나타났다. 짝꿍이나 보니 가깝게 지내다가 뭔가 마음에 안들면 괴롭히기 시작했다. 대놓고 비방을 하고 욕을 했다. 이럴 때 유일하게 할 수 있는 것은 참는 거였다. 친구 말이 귀에 다 들리고 다른 아이들도 쳐다보고 있다는 것을 알지만 아무런 반응을 하지 않았다. 괜히 맞장구쳤다가 일이 더 커지고 주목받는 게 싫어서 그냥 있었다. 친구의 인신공격에 맞설 용기도 없었다. 그저 상황이 빨리 종료되기만을 속으로 기도할 뿐이었다.

큰딸은 살림 밑천이라는 말을 자주 듣고 자랐다. 살림에 보탬이 되는 용도로 내가 존재하는 것 같았다. 모든 집안일은 딸이니깐 해야 했고, 좋은 것은 딸이니깐 아들에게 양보해야 했다. 남아 선호사상이 유독 강했던 엄마에게 아들은 키워야 하는 자식이었고, 딸은 엄마를 도와줄 보조 같았다. 딸이니깐 물러나 있어야 하고 언니니깐 동생에게 양보해야 했다. 희생과 양보만을 강요당하며 살았다. 엄마 화풀이 샌드백이 되어 구박받고 자란 내가 무슨 자존감이 있었겠는가.

마이너스 상태인 자존감을 살리기로 했다. 자존감과 치유에 관한 심리서를 다양하게 읽었다. 몰랐던 내용을 습득하며 실천할 수 있는 것을 일상 속에서 적용해보았다. 나의 아픔과 상처를 피하지 않고 마주하는 것이 그 첫걸음이었다. 그것을 붙잡고 있는 한 자존감이 건강하게 자랄 수 없을 것 같았다. 상처를 치유해주고 서서히 놓아주는 연습을 했다. 그러면서 서서히 완전한 이별을 만들어갔다. 나를 칭찬하고 사랑하는 연습도 했다. 생각보나 꽤 낯설고 어색한 일이었다. 하지만, 오랫동안 건강한 마음과 동행하려면 거쳐야 할 관문이라고 생각했다. 감정을 살피고 존중해주는 노력도 해보았다. 슬픈 데도 감추고, 싫은 데도 거절 못 하고, 아픈 데도 혼날까 숨기는 게 익숙한 나였기에 꼭 필요한 시간이었다.

육아하면서 나를 존중하고 사랑하는 마음이 처음 생겼다. 나를 칭찬하는 게 많이 어색하고 쑥스러웠다. 하지만, 반복하다 보니 차츰 익숙해졌다. 지금도 자존감을 건강하게 키우기 위해 마음 돌봄을 열심히 하고 있다. 엄마가 자녀의 자존감을 위해 노력하듯 나라는 딸을 키우는 마음으로 실천하고 있다. 노력의 시간이 차곡차곡 쌓여 자존감이 많이 밝아졌다. 엄마인 나의 행복지수도 많이 높아졌다. 이 에너지가 아이에게 건강하게 전달되는 건 당연하다.

자녀의 자존감을 생각한다면
부모의 자존감도 안녕한지 꼭 같이 챙기자.

chapter 3

아이들에게
진짜 필요한 것들

자녀가 꽃길만 걷기를 바라는 것이 부모의 마음일 것이다. 하지만 우리는 안다.
꽃길만 걸을 수 없다는 것을. 역경의 강도 차이는 있을지언정 태어나서 삶을 마감
할 때까지 어려움과 고난이 한 번도 없을 수는 없다. 우리가 자녀에게 회복탄력성
을 길러주기 위해 노력해야 하는 이유이다.

건강한 몸을 위한 운동과 식사

늦게 엄마가 된 탓에 임신했을 때 건강에 특히 신경을 썼다. 임신, 출산 관련 책을 읽으며 책에 나온 대로 실천하려고 노력했다. 10년 넘게 하루 시작을 같이한 커피지만 바로 끊었다. 인스턴트 식품도 멀리했다. 일하러 다니는 틈틈이 산모 요가도 배우러 다녔다. 막달까지 걷기 운동을 열심히 한 탓일까 초산임에도 아이가 3주 일찍 나왔다. 산모와 아이 모두 건강한 것에 감사해하며 엄마가 되었다.

조리원으로 이동하기 하루 전날 간호부장 선생님이 오셨다. 병실에 있는 마지막 날이라 점검차 오신 줄 알고 반갑게 맞이했다. 몸을 낮추고 어렵게 말을 꺼내시는데 분위기가 평소와 달랐다. 뭔가 복잡하고 이야기가 길었다. 느낌이 안 좋았다.

증상이 심한 신생아에게 바이러스가 발견되었고 처음에는 유증상이 보이는 아이들 위주로 검사했다고 한다. 나중에 의사 선생님 지시에 따라 모든 아이가 검사를 받게 되었다고 한다. 정민이는 잘 먹고 잘 자서 컨디션이 너무 좋았던 터라 검사를 건너뛸까도 했는데, 감염으로 나와서 격리되었다고 한다. 그래서 우리 모자는 내일 조리원으로 이동할 수 없다고 했다. 이런 상황이 발생해서 죄송하다고 말씀을 하시는데 믿기지 않았다. 어안이 벙벙했지만, 선생님을 따라 정민이가 있는 곳으로 가보니 부인할 수 없는 현실이었다. 신생아실이 아닌 다른 병실에 있는 정민이를 보니 눈물이 났다. 전염력이 강해 다른 병원 입원도 쉽지 않고, 신생아여서 딱히 할 수 있는 치료법도 없다는 게 문제였다. 이틀 동안 병원에 더 입원해서 정민이 상태도 지켜보고 조리원 대안도 모색했다.

무사히 이 고비를 잘 넘기고 나니 아토피 초기 증상이 우리를 긴장시켰다. 예전에 가르쳤던 학생 동생이 아토피가 심해 가족 모두가 너무 고생했다. 심각했을 때는 막내와 엄마만 공기 좋은 곳으로 이사할 준비까지 할 정도였다. 오랜 기간 가까이서 지켜본 터라 덜컥 겁이 났다. 어떻게든 심해지는 것을 막아야겠다는 생각밖에 없었다. 아토피 치료에 좋다는 병원을 알아보고 추천받는 곳마다 진료를 받으러 갔다. 그중 두 군데를 꾸준히 다니면서 아이 치료에 집중했다. 약을 받으면 스트로이제 성분이 들어있는 약은 배제했다. 순한 것만 사용하는 대신 보습에 집중했다. 시간이 오래 걸리기는 했지만 아이는 서서히 좋아졌고, 돌이 되기 전에 부드러운 아이 피부로 돌아왔다.

아토피를 신경 쓰다 보니 자연스럽게 건강한 먹거리에 관심이 많았다. 이유식을 건강식 위주로 직접 만들어 먹이는 것부터 시작했다. 간식도 과자가 아닌 제철 과일, 감자, 고구마, 야채 등으로 챙겨주었다. 아토피가 좋아진 후에도 먹거리에는 계속 신경을 썼다. 언제 다시 재발할지 모르니깐. 어릴 때는 괜찮았는데 중·고등학교 때 혹은 성인이 돼서 생기는 경우를 방송에서 본 적이 있던 터라 방심할 일이 아니었다.

결혼하면서 식탁에 두 가지 변화를 주었다. 첫 번째는 염분 섭취를 줄이기 위해 국을 없앴다. 혈압이 높은 남편 건강도 챙기고, 국에 밥 말아 먹는 것을 좋아하는 나의 다이어트도 챙길 생각으로 변화를 시도했다. 더불어 라면을 집에 사놓지 않는 것도 건강한 식탁에 도움이 되었다. 두 번째는 항상 샐러드를 식탁에 올렸다는 것이다. 우리가 야채를 맛있게 먹으니 정민이도 자연스럽게 젓가락을 올렸다. 어렸을 때부터 잘 먹어서 그런지 정민이는 커서도 야채를 편하게 즐긴다. 가르치던 학생과 같이 밥을 먹을 때가 몇 번 있었다. 그때마다 양파, 버섯, 당근 등을 골라내는 형, 누나를 정민이는 신기하게 바라봤다. '왜 이렇게 맛있는 것을 못 먹지?'라며 한 번 더 짚는 정민이의 표정이 의기양양하다.

인스턴트 식품을 가급적 안 먹이고 자연식으로 집밥을 먹이면 태클 거는 사람들이 꼭 있다. '어릴 때야 관리가 되겠지만 유치원에 가고 학교에 들어가면 혼자만 안 먹을 수 없다. 다 먹게 되어 있다. 결국 다 똑같아진다. 시중에 널린 맛을 나중에 알면 더 정신을 못 차릴 수 있다.' 반은 맞고 반은 틀리다. 정민이가 시중에 널린 인스턴트 식품을 아예 안 먹을 거라고 기대하지 않는다. 그건 불가능한 일이라고 생각한다. 다만 내가 노력하는 이유는 인생 음식 총량으로 봤을 때 몸을 망가트리는 인스턴트 음식을 적게 먹을 수 있다는 믿음이다. 학교 다니고 사회 생활하면서 인스턴트 음식이 자연스러울 수 있겠지만, 엄마가 키우는 동안이라도 건강 식단을 신경 써주면 확실히 아이 건강에 도움이 되지 않을까!

건강한 몸을 위해 식단 못지않게 중요한 것이 운동이다. 부부 둘 다 운동을 좋아해서 그런지 정민이도 운동 신경이 좋은 편이다. 워낙 활동적인 것을 좋아하다 보니 정민이가 유아일 때부터 여행, 캠핑, 차박 등을 많이 다녔다. 정민이에겐 다양한 자연이 재미있는 놀이터였다. 어릴 때부터 산책과 산행이 일상이었던 터라 뛰어노는 것을 좋아했다. 초등학교 때 처음으로 배운 축구를 통해 정식으로 스포츠에 눈을 떴다. 축구 선수가 꿈일 정도로 축구를 즐겼다. 4학년 때부터 배우기 시작한 농구도 곧잘 했다. 여기에 꾸준함까지 더해져 3년째 농구를 다니고 있다. 이제 운동은 정민이 생활에 빼놓을 수 없는 일과가 되었다.

지금처럼 튼튼한 몸을 위해 운동을 생활화하고
건강한 음식을 가까이하는 어른으로 자랐으면 좋겠다.

평온한 마음을 위한 관심과 실천

외면의 건강이 몸을 말하고, 내면의 건강은 마음을 의미한다. 몸 건강을 위해 식단과 운동을 챙기듯 자녀의 마음 건강을 위해서도 신경을 쓰면 좋겠다. 현대인들이 많이 앓는다는 불면증, 우울증, 공황장애 등은 마음이 평온하지 못한 상황에서 비롯되기 때문이다. 크게 드러나지 않아 어릴 때는 잘 모를 수 있지만, 챙기지 않으면 나중에 큰 문제가 될 수 있다.

중학교에 근무할 때였다. 옆자리 앉은 선생님과 제일 친해서 자주 이야기를 나눴다. 장점이 많은 선생님이었는데, 특히 부러웠던 점은 선생님의 평온한 마음이었다. 하루는 선생님에게 일어난 황당한 일을 듣게 되었다. 나도 그 황당함에 간접적으로 연관되어 있던 터라 나중에는 내가 더 흥분해서 이야기했던 것 같다. 말로라도 풀어서 당일은 위안이 되는 것 같았지만, 다음 날이 되어도 불편함은 여전했다. 오후에 선생님과 차를 마시며 지금은 마음 좀 괜찮냐고 물었다. "왜요? 무슨 일 있어요?" 선생님 반응에 놀랐다. 어제 일이라고 말했는데도, 쉽게 못 떠올리는 선생님의 반응에 두 번 놀랐다. 이미 그 일에 대해 잊었던 거였다. 불편한 일에 대해 크게 생각하지 않을 뿐만 아니라 금방 털어버리는 성격이었다. 함께 지내면 지낼수록 근심 걱정과는 거리가 먼 사람임을 알 수 있었다. 내가 갖지 못한 성격이라 부러웠다.

몇 년째 경제 인문학 독서 모임에 꾸준히 참여하는 멤버가 있다. 맞벌이하는 직장맘이고, 아들만 셋이다. 이 조건만 들으면 다들 얼마나 육체적으로, 심적으로 힘들까 안쓰러운 마음이 절로 든다. 그런데 주인공은 오히려 평온하다. 겉으로 보이는 모습이나 몇 년을 겪었을 때 받은 느낌으로는 한결같이 편안했다. 근심 걱정과는 거리가 멀어 보였다. 본인이 말 안 했으면 아들 셋 키운다고 상상하기 어려운 이미지였다. 평온한 마음의 비결이 무엇일까 궁금했는데, 오랜 시간 함께 독서토론을 하면서 눈에 띄는 두 가지가 있었다. 근심 걱정과 거리가 먼 친정엄마 덕분에 긍정 마인드는 어렸을 때부터 장착된 것 같다고 했다. 또, 20대 때 독서를 통해 마음 수양을 했던 시간 덕분에 좀 더 평온한 마음을 갖게 되었다고 했다. 정민이에게 긍정 에너지를 심어주기 위해서라도 엄마인 내 마음부터 긍정 마인드로 장착해야겠다는 생각이 절로 들었다.

지인 중에 무슨 근심 걱정이 있을까 하는 언니가 있다. 전문직이면서 자상하고 잘생긴 남편, 공부 잘하는 아들과 딸, 평탄한 양가 집

안, 아이들을 금수저로 만들어주는 엄청난 자산까지 부족함이 없었다. 예쁘고 건강한 언니이기에 일상이 평온할 것 같았다. 하루는 언니랑 같이 밥을 먹게 되었는데, 안색이 안 좋았다. 무슨 일인가 싶어 물어봤는데, 특별한 일은 없다고 했다. 다만, 불면증에 좀 시달리고 있다고 했다. 밤에 잠을 못 잘 이유가 딱히 없는데 불면증에 시달리니 더 답답한 것 같았다. 그때 언니 모습을 보면서 깨달았다. 세상에 갑 중의 갑은 부자가 아니라 마음이 평온한 사람이라는 사실을.

인생 후반을 시작하면서 평온한 마음을 처음 만났기에 불안한 감정의 힘듦을 누구보다 잘 안다. 불안하고, 두렵고, 초조하고, 걱정되고, 슬프고, 괴로운 마음과 늘 함께였다. 성인이 돼서 변화하기 위해 긍정적인 사람이 되고자 수십 번, 수만 번을 다짐하지만, 그때뿐이었다. 불편한 마음으로 쉽게 돌아갔다. 긍정보다 부정적인 힘이 더 센 것 같다.

마흔을 넘어오면서 오랜 시간에 걸쳐 큰 상처들이 치유되었다. 마음공부 시간을 경험하면서 난생처음 평온한 마음에 발을 들여놓게 되었다. 이게 시작이었다. 평온한 마음을 맛보았을 뿐 단단해지기까지는 무던히도 넘어지고 일어나는 과정이 필요했다. 쉽지 않은 여정이었다. 불안한 마음 때문에 오랜 세월 고생했기에 내 아이에게는 평온한 마음을 만들어주고자 했다. 관련된 공부에 관심을 가지고 적극적으로 알아보았다.

교육전문가인 심정섭 선생님의 《공부보다 공부그릇》에서는 공부그릇 키우기에 중점을 두고 있다. 그 실천 방안으로 건강한 몸, 평온한 마음, 지혜 독서 등이 안내되어 있다. 세 가지 모두를 실천하고 싶었다. 튼튼한 몸을 위해 운동과 건강한 먹거리를 챙겼다. 책과 친해질 수 있는 환경을 만들어주기 위해 애썼다. 책 읽으라는 잔소리 대신 내가 먼저 책과 함께하는 삶을 보여줬다. 평온한 마음을 위해 책에서 알려주는 실천 방안들을 우리 가족에 맞게 각색해보았다. 자녀가 언제든 부모에게 마음을 표현할 수 있는 시간과 공간이 마련되어야 한다는 말에 공감이 되었기 때문이다. 우리 가족만의 안식일 식탁 실천이 그 예 중 하나다. 더 나아가 저자가 쓴 다른 책들도 함께 읽으면서 우리 가족이 할 수 있는 것들은 시도해봤다. 계속 지키다 무너지다를 반복하면서 여전히 노력하고 있다.

부모에게 자녀 마음 건강 챙기는 것이 세 가지 요소 중 가장 어려운 숙제인 것 같다. 도움이 될 만한 방법을 실천한다고 해서 효과가 바로 눈에 보이는 것도 아니다. 장기적으로 노력해야 하므로 중간에 멈추거나 흔들리는 경우가 많다. 그러다 또 필요성을 느끼거나, 다른 방법을 배우게 되면 또 노력해보고! 우리 가족도 그런 과정에 있다.

항상 관심의 끈을 놓지 않고 있다. 책이나 유아 전문가를 통혜 배우려는 자세는 변함이 없다. 할 수 있는 방법을 찾으면 각색해서 실천해보고 있다. 자녀의 평온한 마음을 위해 노력하다 보면 양육자인 부모 마음 챙김에도 도움이 된다. 그러면서 부모가 처음인 나도 점차 성장하면서 발전하는 어른이 되어감을 느낀다.

자녀의 행복한 삶을 위해 평화로운 마음을 기를 수 있도록 지속적인 관심과 실천이 중요하다.

생각하는 힘을 기르기 위한 독서

　상담할 때 "선생님은 문제 번호로 질문받지 않아! 모르는 부분을 물어봐야 해."라고 말하면 대부분은 어리둥절한 표정이다. 예를 들어 설명해주면 학생들 표정에 두 가지 메시지가 보인다. 무슨 말인지 알겠다는 것과 앞으로 고생길이 열렸다는 것을 아는 눈치다.

　지금까지는 풀다 막히면 체크하고 "3번 몰라요!"라고 질문하면 끝이었지만, 이제는 안 된다. 막히기 전까지 풀이 과정을 설명해야 한다. 그다음 내가 질문을 한다. 학생이 설명한 부분에 대해 질문을 하기도 하고, 미처 발견하지 못한 부분을 발견할 수 있도록 힌트가 담긴 질문을 건네기도 한다. 질문을 통해 막힌 부분을 해결하도록 도와줬다. 토론식 수업을 하게 되면 스스로 해야 할 것이 많아지게 된다. 그만큼 자기 공부를 하게 되는 것이다. 번호만 말하면 선생님이 풀어줘서 편하게 공부한 학생일수록 새로운 방식에 적응하는 데, 오랜 시간이 필요했다.

수학뿐 아니라 수동적 공부에 길들어진 학생들은 토론 자체를 힘들어했다. 질문하는 것은 물론이고 질문을 받아도 뭐라고 대답해야 할지 몰라 침묵할 때가 많다. 선생님이 그냥 풀어주고 학생들은 이해 가면 고개를 끄덕이고! 모두가 편한 수업이다. 적어도 겉으로 보면 말이다. 하지만, 주입식 교육이 아이들 사고력에 도움이 되지 않는 것을 잘 알기에 기다릴 수밖에 없었다. 계속 설득하고 다독이면서 말이다. 문제를 처음부터 끝까지 선생님이 풀어주면 나도 편하고 너도 편하지만, 너에게 하나도 도움이 안 됨을 강조했다.

"선생님에게 물어보면 금방 알겠는데, 엄마한테 물어보면 어려워요!"

초등학교 2학년 때 정민이가 한 말이다. 너무 익숙한 말이라 1초의 망설임도 없이 바로 대꾸했다. 선생님은 푸는 방법을 바로 알려주지만, 엄마는 너에게 막힌 부분에 대해 질문을 해서 생각하게 하니깐 어렵게 느끼는 거라고 설명을 해줬다.

늘 학생들에게 대답했던 것처럼 말을 하긴 했지만, 내 아이에게 직접 들으니 살짝 당황스럽긴 했다. 그 후로 정민이를 유심히 보니 모르는 문제가 있으면 엄마보다는 아빠를 찾았다. 아빠 역시 물고기 잡는 법이 아닌 물고기를 바로 잡아주고 있었다. 그러니 아이가 얼마나 편하게 느꼈을지!

멀지 않아 정민이는 나에게 다시 왔다. 단순한 계산 문제는 아빠 도움으로 해결되었지만, 생각이 필요한 문제에서는 전혀 힘을 쓸 수가 없다는 경험을 몇 번 한 이후였다. 엄마랑 하는 방법이 어렵고 오래 걸리지만, 문제 해결력이 길러진다는 것을 어렴풋이 느낀 것 같았다. 엄마 질문에 대답하려고 생각해보다가 방법을 발견하게 되면 재미있다고 했다. 하지만, 편한 방법은 아니기에 익숙해지기까지 오랜 시간이 필요했다. 다방면에 호기심이 많아 진득하게 공부하는 스타일이 아니다 보니 답만 찾고 숙제를 빨리 끝내려고 했다. 변함없이 토론 방식을 고수하니 2~3년 후에는 본인이 푼 과정을 설명하고 엄마의 질문에 대답하기 위해 생각하는 것이 훨씬 편안해졌다.

인터넷과 IT 기술 발달로 누구나 공부할 수 있는 환경이지만, 아이들의 생각을 방해하는 상황 또한 만만치 않다. 가장 큰 방해요인은 아마도 게임일 것이다. 주변에 게임 안 하는 아이를 찾기가 힘들다. 컴퓨터, 아이패드, 휴대폰 등 언제든 게임을 할 수 있는 환경이다. 학교, 학원, 놀이터 등 아이들이 모이는 공간이면 어디서든 게임을 접할 수 있다. 평소 적당히 할 수 있도록 조절해주지 않으면 게임에 더 깊이 빠지게 된다. 게임 중독이 되면 생각하는 힘은 둘째치고라도 아이들의 뇌 자체가 건강하게 자랄 수 없다. 디지털 디톡스가 필요한 아이가 되지 않도록 어릴 때부터 조절해 줄 필요가 있다.

날씨가 안 좋은 날은 야외 활동 대신 정민이와 도서관으로 놀러 갔다. 어린이실은 정민이에게 또 다른 놀이터였다. 호기심을 자극하는 다양한 책들이 반가웠다. 푹신한 소파, 꿀벌 집처럼 만들어진 동굴 같은 공간을 좋아했다. 시간이 갈수록 도서관 환경이 변해가는 게 아쉬웠다. 학습 만화 보유 비중이 날이 갈수록 늘어 갔다. 독서 습관이 제대로 잡히기 전에 학습 만화에 재미를 붙이면 아이들은 글밥 많은 책을 기피하게 된다. 만화책은 눈으로 대충 읽어도 흐름이 이해되니 꼼꼼히 읽을 필요가 없다. 대충대충 읽는 버릇은 공부그릇을 단단하게 키울 수 있는 독서와 멀어지게 한다. 결국 아이들이 독서를 통해 생각하는 힘을 기를 수 있는 기회를 영영 놓치게 되는 것이다.

생각하는 힘을 기를 수 있는 독서를 할 수 있도록 신경 써주자. 우선 자녀가 만화책보다 양질의 도서들을 접할 수 있는 환경부터 만들어주자. 자녀가 읽는 책을 주제로 이야기를 나눠보는 것도 도움이 된다. 자녀가 좀 더 크고 나면 가족끼리 각자 읽은 책으로 가족 독서토론을 해보면 좋다. 생각을 정리하고 말하는 연습에 도움이 된다. 처음에는 가족 모두가 어색하고 서툴지만, 하다 보면 차츰 발전하는 모습을 마주할 수 있다. 한 걸음 더 나아가 독서록을 쓰도록 지도해보자. 모든 책에 대한 독후감을 쓰는 것은 무리겠지만, 아이 역량에 따라 몇 권에 한 편씩이라도 권해보자.

글로 정리하는 연습 또한
생각하는 힘을 기르는 데 도움이 된다.

경제 마인드를 심어주자

　공모주 상장하는 날은 최소한 8시 40분 전에 준비 완료하고 기다리는 게 좋다. 그런데 이상하게도 공모주 상장하는 날이면 정민이 등교 시간이 늦어졌다. 큰 종목이 상장할수록 심했다. 그날도 운전하면서 시간을 확인하는 데 마음이 급해졌다. 방법을 아무리 생각해봐도 대안이 안 떠올랐다. 정민이를 내려주면 9시가 넘을 것 같아 그 전에 상황 파악이 필요했다. 여차하면 매도 주문을 미리 넣어놔야 할 수도 있으니깐.

　정민이에게 노트북을 켜고 핸드폰 핫스팟을 켜서 인터넷까지 잡아달라고 했다. 금방 하길래 증권사 HTMS인 카이로스 실행까지 부탁했다. 이제 제법 컸다고 척척 보조 역할을 해준다. 신호 내기 때 순비된 화면으로 로그인을 했다. 다음 신호 때 흐름을 살펴보고 대응 전략을 생각했다. 폰에 증권사 어플이 있었다면 노트북까지 안 켜도 되겠지만, 이 당시에는 폰에 어플을 깔지 않았을 때라 홈트레이딩 시스템을 이용할 수밖에 없었다. 9시 전에는 로그인해서 대기하고 있어야 하는 상황을 정민이에게 설명해줬다. 공모주 상장날은 좀 서두르자는 당부와 함께 교문 앞에 내려주었다.

그 후부터 중요한 종목일수록 정민이에게 미리 말해주었다. 내일은 무슨 종목 상장하니깐 늦게 가면 안 된다는 것을 한 번 더 인지시켜 주었다. 벌써 6년째 등교 픽업 중이다. 등굣길에 듣는 경제 뉴스도 공모주 소식을 전해준다. 저학년 때부터 들었던 터라 익숙한 단어였다. 고학년이 되었을 때는 정민이가 배정받은 주식 수와 함께 청약 결과를 알려줬다.

가끔 타지 출장을 가거나 미팅 있는 날은 아침 시간이 촉박할 때가 있다. 학교에 데려다주고 가면 이동 시간이 빠듯할 것 같아 서둘렀다. 이런 상황을 모르고 늑장을 부리면 빨리 가자고 재촉할 수밖에 없다. 그랬더니 정민이가 서두르면서 한마디 한다.

"아! 오늘도 공모주 상장날이군요."

등하교 시간에 정민이와 이야기를 많이 나누는 편인데, 가끔 돈에 대해 질문할 때가 있다. 아빠 급여는 얼마인지, 월급을 많이 받는 직업은 무엇인지 등등. 하지만 어렸을 때는 돈에 관심이 없었다. 돈 욕심이 없어서 세뱃돈을 많이 받든 적게 받든 괜찮은 아이였다. 나중에 용돈을 받아도 크게 관심을 보이지 않았던 터라 가끔 하는 질문이지만 반가웠다. 대부분 순간 호기심으로 질문하고 끝내지만, 그 후에도 잊을 만하면 한 번씩 돈 이야기를 꺼내곤 했다.

정민이가 피아노 레슨을 마치고 나왔다. 엄마가 독서하고 있던 카페로 왔다. 차로 이동하려는데 코코아를 사고 싶은 눈치였다. 아침부터 당분 섭취도 많이 했고 바로 차 타고 이동할 예정이어서 굳이 안먹어도 될 상황이었다. 미련이 있는 듯하여 원하면 용돈으로 사 먹어도 된다고 했다. 3,900원! 3,000원이면 부담이 없겠다며 엄마가 900원만 지원해주길 원했다. 거절하려다가 두 가지 이유로 동의해줬다. 첫째는 동전 생기는 걸 안 좋아한다는 점이다. 십만 원 깨기 싫어서, 만원 깨기 싫어서 소비를 안 하는 심리라고나 할까. 두 번째는 아이랑 나누려는 대화 속 계산식을 편하게 하기 위해서였다.

코코아 한 잔 가격인 3,000원은 용돈의 몇 퍼센트인지 물어봤다. 잠시 계산하더니 25%라고 대답을 했다. 요즘 수학 시간에 비율 단원을 배우고 있다고 해서, 실생활에 적용하는 질문을 했더니 재미있게 생각하는 것 같았다. 이어서 수입과 지출 이야기도 나눴다. 느낌을 물어봤더니 3,000원은 크게 안 느껴졌는데, 용돈을 기준으로 하니깐 큰 금액을 쓴 것 같다고 했다. 평소에는 군것질을 잘 안 하니깐 가끔 네가 원하는 곳에 쓰고 만족도가 높으면 잘 소비한 거라는 이야기로 마무리했다. 룸미러 속에 보이는 아이의 표정을 보니 달달한 맛에 행복한 미소가 가득했다.

공모주보다 정민이에게 더 익숙한 단어가 '경제적 자유인'이다. 저학년 때부터 등굣길에 종종 이야기했다.

"정민이가 좋아하는 학교로 선택하고 매일 등하교 시켜줄 수 있는 이유는 엄마가 경제적 자유인으로 살아가고 있기 때문이란다. 소중한 시간을 내가 원하는 곳, 내가 가치 있다고 생각하는 것에 쓸 수 있는 자유! 이게 참 좋은 것 같아. 나중에 정민이도 엄마 나이쯤에는 시간 자유, 경제 자유를 누리는 자유인이 되어서 원하는 삶을 살아보렴."

경제적 자유를 핵심 메시지로 담고 있는 엄마의 책 《부자는 내가 정한다》을 통해서도 익숙하다. 아직 어려서 책은 읽지 않았지만, 표지만 봐도 알 수 있는 단어다. 가끔 온라인으로 강의할 때 엄마 강의를 간접적으로 들을 때가 있는데, 그때도 여러 번 언급되는 주제이다 보니 친숙하게 받아들이는 것 같다.

글자를 못 읽는 문맹만큼이나 금융 문맹, 경제 문맹도 심각한 문제다. 돈에 무지하게 키워졌던 우리 때처럼 아이들에게 교육하면 안 된다. 돈이 많다고 행복한 것은 아니지만, 행복한 삶에 필수 요건 중 하나이니 꼭 배워야 하는 지식이다. 자녀들이 자본주의 세상에서 돈의 노예가 아닌 주인으로 살아갈 수 있도록 건강한 경제 마인드를 심어주는 것이 중요하다.

어린이 경제 독서, 용돈 관리, 가족과 함께하는 경제 대화 등을 통해 일상 속에서 자연스럽게 시작해보자.

사랑과 지지로 회복탄력성을 기르자

나는 말을 못 했다. 다른 사람들 앞에 서는 것을 두려워했다. 자존감이 마이너스였다. 이렇게 말하면 사람들은 이해할 수 없다는 표정으로 쳐다보았다. 대화가 길어질수록 지금 모습과 정반대인 과거의 나를 상상하기 힘들어했다. 가끔 나도 현재의 삶이 현실인가 반문할 때가 있는데, 타인들이 낯설어하는 것은 당연했다.

과거 모습에서는 현재 나를 상상할 수 없다. 폭언에 세뇌되어 자라다 보니 머리부터 발끝까지 부정 에너지가 가득했다. '죽고 싶다'로 도배되었던 학창 시절 일기장, 고단한 삶에 대한 원망, 팔자에 대한 비관 등으로 불행한 인생이라고 생각했다. 열정적으로 도전하다가도 일이 뜻대로 안 되거나 결과가 좋시 못하면 크게 좌절했다. 실패 경험이 많다 보니 자책이나 자학이 심했다. 나도 이런 내가 극도로 싫었다. 달라지고 싶은 열망이 강했다. 부정을 걷어내고 긍정적인 사람이 되고 싶었다. 자존감이 무엇인지도 모르고 자랐고, 35년 넘게 살아왔지만, 이제라도 회복하고 싶었다. 단, 하루를 살더라도 온전히 행복한 사람이 되고 싶었다. 간절한 바람으로 계속 노력했다. 넘어져도 절실함이 다시 일어나게 했다.

지금까지 살아오면서 유일하게 잘한 일은 삶을 포기하지 않은 것이다. 포기해야 할 고비를 여러 번 맞이했지만 어떻게든 살아보려고 했다. 달리기를 못하면서도 현실의 고통을 잊을 방법으로 마라톤 풀코스라는 새로운 도전을 선택했다. 실패하고 좌절하고 이겨내는 과정이 쌓이면서 역경 지수가 강해졌다. 마흔 넘어 삶이 평온해졌을 때, 이게 내 삶이 맞나 낯설었을 때가 종종 있었다. 고난투성이던 내 삶이 이렇게 행복해도 되나 의구심이 들 때도 있었다. 그럴 때마다 걸어온 길을 돌아보았다 그러면서 오늘날 나를 있게 한 것은 역경이고 결핍이었음을 깨달았다. 긴 역경의 시간을 잘 견뎌내고 포기하지 않은 과거의 나를 칭찬하고 싶어졌다.

회복탄력성
자신에게 닥친 역경과 고난을 이겨내는 긍정의 힘을 의미함

'오! 나에게 회복탄력성이 있었던 거였구나!' 우연히 만난 회복탄력성이라는 단어가 반가웠다. 관련 책이나 강의 또는 영상을 찾아보았다. 회복탄력성 지수를 알아보는 테스트를 해 봤는데 확실히 높게

나왔다. 이 에너지 덕분에 현재까지 올 수 있었다는 깨달음에 회복탄력성을 중요한 가치로 여기게 되었다. 앞으로 일어날 역경과 고난들은 내가 선택할 수 없지만, 그것을 어떻게 받아들이고 이겨내느냐는 나에게 달렸다는 것을 누구보다 잘 알기 때문이다.

김주환 작가의 《회복탄력성》이라는 책에 하와이 카우아이섬에 관한 연구가 소개되어 있다. 그 내용을 잠시 소개해보면 다음과 같다. 카우아이섬은 과거 1950년대에 주민들에게 지옥 같은 곳이었다고 한다. 지독한 가난과 질병에 시달렸고, 범죄자, 알콜 중독, 정신질환자가 대부분이었다고 한다. 청소년 비행도 심각해서 이 섬에 태어난 자체가 불행한 삶을 예약하는 거라니, 얼마나 최악의 환경일지….

1955년에 태어난 아이들을 대상으로 한 연구가 진행되었다고 한다. 한 인간이 태어나서 겪을 수 있는 모든 불운이 모여 있는 곳에서 자란 아이들이 어떻게 성장했는지 추적해봤다고 한다. 뻔히 예상되는 결과를 뒤집는 사례들이 학자들을 놀라게 했다. 놀라울 정도로 명랑하고 밝고 매력적인 청년으로 자란 마이클, 학업 성적도 뛰어났으며 유명 대학에 장학금을 받고 입학을 했다고 한다. 자존감이 높은 훌륭한 젊은이로 성장한 케이, 강한 자신감과 긍정성이 충만한 메리 등. 학자들은 열악한 환경에서 잘 자란 아이들의 성공 비결을 찾기 위해 노력했다. 그 결과 삶의 어떠한 역경에도 굴하지 않는 강인한 힘이 원동력이 되었다는 사실을 발견했다. 이 힘이 바로 회복탄력성이다. 그렇다면 이 아이들의 회복탄력성이 어떻게 길러지게 되었을까! 이 궁금증에 대한 답을 찾기 위해 학자들의 연구는 계속되었다.

어려운 환경 속에서도 바르게 성장해나가는 힘을 발휘한 아이들이 예외 없이 지닌 공통점 하나가 발견되었다고 한다. 아이의 입장을 최대한 이해해주고 지지해주는 어른이 적어도 한 명은 있었다는 것이다. 그 어른이 엄마, 아빠, 할아버지, 할머니, 이모, 삼촌, 선생님 등 누구든 상관없었다. 그런 존재가 아이에게 있다는 사실이 중요했다.

회복탄력성의 핵심적인 요인은 인간관계에 있다는 사실을 위 책에서 말하고 있다. 절대적인 사랑과 지지를 받고 자란 아이는 세상을 살아갈 힘을 얻게 된다고 한다. 그 위에 건강한 자아 존중감이 길러지면서 타인을 배려하고 사랑할 수 있게 되고, 제대로 된 인간관계를 맺는 능력을 키울 수 있게 된다는 것이다. 이것이 카우아이섬 연구가 최종적으로 시사하는 점이라고 한다.

자녀가 꽃길만 걷기를 바라는 것이 부모의 마음일 것이다. 하지만 우리는 안다. 꽃길만 걸을 수 없다는 것을. 역경의 강도 차이는 있을지언정 태어나서 삶을 마감할 때까지 어려움과 고난이 한 번도 없을 수는 없다. 우리가 자녀에게 회복탄력성을 길러주기 위해 노력해야 하는 이유이다.

'저 사람이 무슨 근심이 있을까?' 보이는 삶도 자세히 들여다보면 저마다 한 가지씩 고민은 가지고 있다. 어려움 없는 인생을 선택할

수는 없지만, 역경을 만났을 때 헤쳐나가려는 마음과 의지는 선택할
수 있다.

꽃길을 만들어주려고 애를 쓰기보다
시련을 극복하고 행복한 인생을 스스로 만들어 가는 힘을
길러주는 게 자녀에게 더 득이 될 것이다.
카우아이섬 연구에서 배운 조건 없는 사랑과 지지로
자녀의 회복탄력성 성장에 힘을 실어주자.

chapter 4

진짜 공부를 위한
내공 쌓는 시간

자녀들에게 마음 챙기는 질문을 자주 해보자. 자존감은 단단하게 잘 자라고 있는
지, 현재 행복지수는 어떠한지, 절대적인 사랑과 지지를 해주는 부모가 든든하게
있다는 것을 느끼고 있는지!!

시골 학교를 선택한 이유

공교육과 사교육을 오가면서 학생들을 가르쳤다. 교육은 내 삶에서 빼놓을 수 없는 주제였다. 다방면으로 교육에 도움이 되는 책, 강의, 강사는 늘 관심 대상이었다. 호기심이 많은 나답게 배우려는 자세로 항상 레이더를 켜고 살았다. 입시를 준비하는 학생들 진로를 같이 고민하고 상담하는 게 일상이었다. 대학교에 근무할 때는 매해 겨울이 되면 12년 공부의 마지막 관문인 입시업무로 바빴다. 중학교 때 고등학교 선행 학습을 시작으로 4~5년 열심히 달려서 대학 시험을 치르게 되는 모든 과정을 함께한 셈이었다.

담임을 맡고 학생부 업무를 담당하면서 마음이 힘든 친구들을 많이 만났다. 그러면서 상담 교육에도 자연스럽게 관심이 갔다. 아이들과는 수학으로 소통하고, 학부모들과는 아이 교육 전반에 관한 이야기를 나누었다. 그러다 보니 부모가 되기 전부터 자녀 교육에도 관심이 컸다. 가끔 서점을 가면 다양한 공부 법에 관한 책, 자녀 교육에 도움 되는 책, 사춘기 아이들과 관련된 책, 내 전공과 관련된 책 등을 챙겼다. 직간접적으로 접하는 경험을 통해 '나중에 엄마가 되면 이런 부모가 되어야지, 이런 부모는 되지 말아야지, 이건 실천하면 좋겠는데, 이런 것은 좋은 팁이네!' 상상 속에서 결심하곤 했다.

임신해서는 육아서나 교육 관련 책을 쉬지 않고 읽었다. 도움이 되는 책과 도움이 되지 않는 책이 서서히 구분되었다. 닮고 싶고 배우고 싶은 육아서가 있는가 하면 거부감이 드는 책도 많았다. 자연스러움과 과정을 중요시하는 책들에 마음이 더 갔다. 여러 책과 강의뿐 아니라 직간접으로 접한 경험을 통해 자녀 교육 방향성이 차츰 만들어져 갔다. 남편과도 자녀 교육에 대한 자료를 공유했다. 가정 교육에 관련된 영상을 찾으면 가족과 같이 봤다. 부모로서 육아 나이를 튼튼하게 쌓기 위한 과정이고 노력이었다.

정민이가 유치원을 다니기 시작하면서 진로 교육에 관심이 커졌다. 특색 교육을 실천하는 대안학교가 여러 곳에 생기고 있다는 사실을 결혼 전부터 어렴풋이 알고 있었다. 이제는 제대로 알아봐야겠다는 생각이 들었다. 우연히 〈학교야 놀자〉라는 프로그램을 가족과 함께 보았다. 발도르프 학교에 대한 소개 다큐멘터리였다. 방학이 벌칙이라고 할 만큼 아이들은 학교를 좋아했고 다양한 활동을 즐겼다. 학교와 그 주변이 아이들에게는 신나는 놀이터였다. 시종일관 살아있는 아이들의 눈빛이 인상적이었다. 행복하게 학교생활을 하는 아이들이 부러웠다. 대부분의 학교가 그런 존재가 되지 못하고 현실 또한 안타까웠다.

발도르프 학교 영상은 우리 부부에게 많은 고민을 안겨주었다. 그 해맑던 아이들이 중학생이 되고 진로 고민을 시작하면서 학교생활 행복도가 흔들렸기 때문이다. 다른 대안없이 고등학생이 되었고, 결국 일반고 아이들과 같이 입시를 치러야 하는 현실에 아이들은 혼란스러워했다. 우려했던 상황이었다. 20년 동안 교육 일을 했던 사람으로서 예상했던 일이기도 했다. 우리나라 교육 현실이기에 마음이 무거웠다. 대안 교육이 대안이 되지 못했다는 지인의 말이 떠올랐다.

자연스러운 교육을 좋아하다 보니 홈스쿨에도 관심이 갔다. 실천하고 있는 분들을 통해 간접적으로 접해보기도 하고 관련 책을 읽어보기도 했다. 매력적인 교육 방법으로 다가왔다. 부모가 역량만 된다면 자녀에게 좋은 환경일 수 있겠다 싶었다. 물론 부모가 홈스쿨 할 상황이 안 되고, 아이도 학교가 잘 맞다면 홈스쿨은 어렵다. 특히, 자녀가 어릴수록 홈스쿨 선택은 신중해야 한다. 자녀가 아닌 부모의 선택일 가능성이 크기 때문이다. 대안학교, 홈스쿨, 집 옆에 있는 학교, 정민이가 다니고 있는 병설 유치원과 연결된 초등학교, 사립 초등학교 등을 선택지에 올려놓고 긴 시간 고민을 했다.

정민이의 진로 로드맵을 어떻게 할까… 학교 교육에 대해 진지하게 고민했다. 내가 우리나라 교육을 20년 받았고, 공교육과 사교육을 오가며 20년간 교육 현장에서 가르치는 일을 했고, 이제 내 아이가 교육의 첫 관문을 여는 시점이니 생각이 깊어졌다. 고등학생 제자들의 초등학교 생활은 어땠는지 물어봤다. 사뭇 달라진 현 초등학교 생활에 제자들도 놀라는 눈치였다. 주변의 아이들에 대한 교육 데이터, 내가 활동했던 교육 현장에서의 데이터 등을 토대로 고민을 많이 했다. 고민이 거듭될수록 차츰 생각이 정리되었다.

학교 교육 대부분은 말 잘 듣는 회사원 기르는 교육 시스템에 가깝다는 생각이 강하게 들었다. 학년이 올라갈수록 획일화, 평준화되면서 개개인이 가지고 있던 개별성, 창의력이 줄어들기 쉬운 환경임을 부인할 수 없었다. 세상은 갈수록 더 빠르게 변하여 20년 후 아이들이 살아갈 세상은 정말 다를 텐데… 과거와 크게 변하지 않는 교육 방식과 시스템으로 교육을 하는 게 답답하게 느껴졌다. 상위 10~20%를 위해 나머지가 들러리 서고 있는 교육 현장에서 느꼈던 불필요한 경쟁, 그로 인한 사교육의 심각성도 고민하는데 한몫 거들었다. 답 안 나오는 무한 경쟁 시스템에 정민이를 줄 세우는 건 하고 싶지 않았다. 경쟁보다는 자신에게 집중하고 그 속에서 본인 인생을 만들어가길 바라는 마음이 컸다.

초등학교는 운동장에서 마음껏 뛰어놀고 다양한 체험도 하며 즐겁게 다녔으면 좋겠다는 생각으로 정리가 되었다. 이런 주제에 관심이 있으니 대화 도중에 우연히 정민이가 다니고 있는 학교를 알게 되었다. 시골이지만 사는 도시 인근 학교여서 통학이 가능했다. 무엇보다 정민이를 잘 알고 있는 유치원 선생님도 권했던 학교이기도 했다. 정민이는 관찰력이 뛰어나고 호기심이 많은 아이, 몸으로 하는 활동과 운동을 좋아하는 아이, 자연을 좋아하는 아이, 빠르지 않은데 생일까지 느린 아이. 유치원 때도 학습지 하나 안했고, 7살에 초등학교 준비를 따로 하지 않아 적기 교육이 중요했던 아이. 예민하면서 개구쟁이인 아이였다. 사계절이 주는 선물을 즐길 수 있도록 교육 과정을 실천하는 시골 학교가 정민이에게는 도시 학교보다 좀 더 나은 환경이 될 것 같았다. 오랜 고민 끝에 우리 가족은 소개받은 시골 학교로 결정했다.

홈스쿨도 괜찮아

홈스쿨 사례를 접할수록 아이 개개인의 성향에 집중하고 존중해 줄 수 있다는 장점이 마음에 들었다. 하지만 선택은 쉽지 않았다. 우선 정민이가 학교 교육 시스템에 잘 맞는지 안 맞는지 경험해보지 못한 점이 걸렸다. 초등학교 1학년부터 홈스쿨을 선택한다면 부모의 의견일 가능성이 크기 때문에 조심스러웠다. 다음으로 부모가 홈스쿨을 할 수 있는 역량과 환경이 되는지 체크가 필요했다. 엄마표 영어를 실천한다고 모두가 성공적일 수 없는 것처럼 홈스쿨 또한 나와 맞지 않다면 오히려 역효과가 날 수도 있기 때문이다.

푸른 새싹이 나고 만물이 깨어나는 봄, 시원한 계곡물이 그리운 무더운 여름, 알록달록 다양하게 변신하며 수확의 기쁨을 누리게 하는 가을, 눈사람을 만들고 썰매를 타고 눈싸움을 할 수 있는 겨울. 사계절의 변화를 온전히 체험하며 아이들이 행복하게 학교 생활할 수 있도록 노력하겠다는 교장 선생님 인사말을 들으며 입학식장에 있었다. 한 학년 정원이 40명 안 되다 보니 다과가 올려진 테이블이 가족별로 마련되어 있었다. 6학년 형, 누나들의 에스코트를 받으며 입장하고, 운동장에 꿈 풍선을 하늘로 올려보내며 행사가 끝났다. 특별한 입학식이었다.

정민이는 저학년에 맞는 담임선생님을 만난 덕에 1학년 학교생활에 잘 적응했다. 오래 고민하고 선택한 보람을 느끼게 해준 1년이었다. 하지만, 학년이 올라가면서 어려움이 생기고 생활이 순탄치 않았다. 1학년 때는 즐거운 학교생활이었는데, 2학년 때는 완벽을 추구했던 선생님 때문에 버거워했다. 속상한 이야기를 전하며 눈물을 보일 때가 많았다. 처음 경험하는 상황이라 무조건 지지를 해주는 엄마 역할을 제대로 하지 못했다. 정민이의 눈물을 품어주지 못한 것이 지금까지 미안함으로 남아있다. 3학년 때는 자유로움을 강조하는 선생님을 만나며 또 다른 맛의 학교생활을 즐겼다. 이렇게 정민이는 학교를 통해 작은 사회를 경험하며 성장해갔다. 이때 깨달았다. 도시 학교, 시골 학교, 사립학교, 대안학교 중 어느 학교를 보내느냐가 중요한게 아니라 어떤 담임선생님을 만나느냐가 아이에게 훨씬 중요하다는 것을 말이다.

긴 겨울 방학을 보내고 친구들 만날 생각으로 들떠있는 2월 끝자락이었지만, 2020년은 달랐다. 전 세계를 혼란과 충격에 빠트린 코로나 팬데믹 때문에 모든 일상이 변했다. 개학이 계속 연기되었다. 수업은 원격으로 이루어졌다. 준비 없이 맞이한 상황에서 선생님도, 아이들도 헤맸다. 맞벌이 가정은 집에서 공부하는 아이들을 돌볼 수 없어 힘들어했다. 원격수업 혹은 영상 제작 등이 준비되지 않은 선생님들은 유튜브 링크를 올려주기 바빴다. 공부 의지도 약한데 혼자 집에 있는 아이들은 원격수업에 참여하고 유튜브 삼매경으로 마무리한다는 이야기가 심심치 않게 들렸다.

6월 초 개학은 했으나 학교 교육 또한 불안정했다. 확진자가 나오거나 긴급 상황이 발생하면 다시 원격수업으로 전환되니 항상 마음의 준비가 필요했다. 변수가 생길 때마다 원격으로 돌리자, 말자는 주제로 학부모들 의견도 팽팽히 맞서다보니 조용할 날이 없었다. 한 번도 경험 못 한 팬데믹을 맞이하면서 교사, 학생, 학부모 모두가 새로운 환경에 적응하느라 힘든 한해였다.

학교를 꽤 좋아하던 정민이가 가끔 가정 학습을 먼저 원했다. 처음에는 일반적인 이유를 댔다. 몇 번 지속되길래 진짜 이유를 물어봤다. 괴롭히는 친구가 있었던 거였다. 괴롭힘당한 내용을 들어보니 시간이 지날수록 심해졌고 지도가 필요해 보였다. 담임선생님께 상담을 드렸다. 몰랐다며 선생님께서 잘 지도하신다고 하셨다. 얼마 지나지 않아 다시 괴롭힘이 시작되었다는 것을 알게 되었다. 담임선생님의 지도가 먹히지 않는다는 것을 알고 여러 대안을 고민해보다 선생님께 한 번 더 말씀을 드렸다. 선생님도 괴롭힘이 계속 이뤄졌다는 사실에 놀라셨다. 더 강하게 지도를 하고 계속 예의주시 하겠다고 약속하셨다. 그 후로 잠잠해지긴 했지만, 정민이의 상처는 깊어진 후였다. 정민이는 홈스쿨을 해보면 어떨까는 의중을 내비쳤다.

출석을 인정해주는 체험학습 기간이 일주일 정도 되는데, 코로나 팬더믹으로 인해 가정 학습을 할 수 있는 날짜가 35일 정도 허용되었다. 우선 이것을 활용해보기로 했다. 이 기간에 홈스쿨을 할 수 있을지 정민이도 생각해보고, 부모인 우리도 어떻게 도와주고 로드맵을 짤지 고민해보기로 했다. 전에 읽었던 준규네 홈스쿨을 남편에게 권하고, 나는 저자인 김지현 선생님과 통화를 하며 생각을 정리해갔다. 홈스쿨을 하기 전후 그리고 현재의 모습까지 생생하게 들려주셨다. 선생님과 교육에 대한 생각을 나누면서 홈스쿨 선택이 주는 부담감은 내려놓을 수 있었다. 어떤 선택을 하든 교육은 아이를 둘러싼 여러 요소 중 한 부분일 뿐, 본질은 아이 자체라는 것을 잊지 말아야겠다는 결론을 내리게 되었다.

코로나 방학을 활용하여 등교와 가정 학습을 병행하는 사이 겨울이 다가왔다. 겨울에는 독감도 유행하고 밀폐된 공간에 있는 게 코로나 예방에 좋지 않을 것 같아 가정 학습을 하기로 했다. 다른 아이들보다 한 달 이상 빨리 겨울 방학을 시작한 셈이다. 한적한 도서관에서, 가족 아지트 카페에서, 가족 서재에서 본인이 원하는 일들을 하며 하루, 하루를 누렸다. 도서관에 가면 다양한 책을 읽을 수 있고, 카페에서 맛있는 음료를 마시며 백색 소음을 즐기며 공부할 수 있고,

등하교를 안 하니 시간적으로나 체력적으로 여유로웠다. 여유로움이 주는 시간을 자연에서 즐기니 정민이는 좋아했다. 등하교를 안 하니 늘어지는 점은 분명 있었다. 이로 인해 엄마는 불편할지언정 아이에게는 더 평화로운 일이었다.

재미있는 프로그램 있을 때마다 챙기는 담임선생님의 자상함 덕에 정민이는 흔들렸다. 친구들과 노는 게 재미있고 학교생활의 즐거움도 외면할 수 없다고 했다. 4학년 겨울 방학이 끝날쯤 정민이는 5학년을 우선 다녀보고 홈스쿨 결정을 하겠다고 했다.

운동 신경이 뛰어난 정민이는 학교 운동장에서 날개를 달았다. 작년과 달리 체육 활동과 체험 프로그램이 왕성하게 이뤄지다 보니 학교가 다시 신나는 곳으로 바뀌었다. 힘들게 했던 친구와는 분리가 되었고 새로운 담임선생님과도 잘 맞아서 학교생활이 재미있다고 했다. 언제 홈스쿨을 생각했나 싶을 정도로 즐겁게 학교생활을 했다.

'그래! 홈스쿨이든 학교든 네가 어떤 선택을 하든 최대한 지지해줄게!'

등굣길 신나서 뛰어가는 아이 뒷모습을 보며 말했다.

자연은 자유로운 놀이터

아이끼리 나이가 같아 가까워진 엄마가 있었다. 다니고 있는 문화센터 프로그램이 만족도가 높다며 추천했다. 알아보니 인기가 있는 프로그램이었다. 어떤 활동들을 하는지 기대가 되었다. 종일 엄마와 함께하는 정민이에게 색다른 시간을 만들어주고 싶었다. 학기 시작에 맞춰 등록했다. 매시간 하는 활동도 다양하고 그에 따른 소품도 아기자기했다. 하루는 오리로, 다른 날은 호랑이로, 또 어떤 날은 우주인으로 매시간 정민이는 변신했다. 수업 시간 틈틈이 아이들의 흥을 더해주는 신나는 음악도 틀어줬다. 아이 겨드랑이를 잡고 같이 흔드는 엄마들 엉덩이도 들썩였다.

정민이는 문을 열고 들어서면 마주하는 사면이 거울인 공간을 신기해했다. 빠른 뒤뚱 걸음으로 거울 앞으로 다가갔다. 호기심에 여기저기 탐색하고 있는데 수업이 시작되었다. 계속 거울로 가려는 정민이를 잡고 자리에 앉았다. 돌쟁이 아이들에게 집중을 요구했다. 선생님 설명이 끝나면 체험을 위해 차례대로 줄을 서야 했다. 사방에 널린 신기한 물건으로 가려는 정민이를 강제로 줄 세우는 게 엄마가 할 일이었다.

일부러 여러 종류의 길을 만들어 놓고 균형 감각을 기르기 위한 수업이라는 말에 프로그램 참여할 이유가 사라졌다. 밀폐된 공간에서 하는 인위적인 체험보다 일상에서 자연스러운 경험이 낫겠다 싶었다. 울퉁불퉁한 숲길을 걸으며 터득하는 균형 감각이 오감 발달에는 훨씬 더 도움이 되지 않을까!

자연으로 갔다. 공원, 숲길, 바닷가, 계곡 등 모든 자연 공간이 정민이의 놀이터가 되었다. 줄을 설 필요도 없고, 서두를 필요도 없었다. 목적의식을 가지고 온 것이 아니기에 있는 그대로 느끼고 즐기면 되는 것이었다. 불안한 걸음으로 뛰어다니다가 넘어져도 잔디밭이기에 아이 스스로 털고 일어나며 걷기를 터득해갔다. 오색의 나뭇잎, 여기저기 널린 나뭇가지들, 가지각색의 모습으로 숲을 이루고 있는 나무들 모두 아이의 장난감이고 교구였다. 가끔 등장하는 곤충도 아이의 시선을 빼앗았다. 호기심 많은 정민이에게 더할 나위 없이 좋은 환경이었다.

봄이 되면 도시락 싸서 꽃구경도 가고 봄 햇살 즐기러 나들이를 떠났다. 여름이 되면 시원하게 발 담글 수 있는 계곡을 찾아다녔다.

사람 많은 곳을 안 좋아하다 보니 유명 해수욕장이나 계곡은 피했다. 무더운 여름이더라도 숲은 시원하니 가끔은 숲속으로 피서를 가기도 했다. 가을에는 황금 들녘과 단풍 구경을 위해 가까운 시골로, 산으로 다녔다. 눈이 쌓인 겨울에는 눈사람을 만들고 눈싸움을 했다. 아빠표 썰매로 경사진 눈길을 신나게 내려왔다. 겨울에 실제 눈을 볼 수 있는 횟수가 많지 않다 보니 눈이 왔다 하면 그냥 놓치는 법이 없었다. 사계절 내내 자연이 주는 선물 속에서 아이는 신나게 놀았다.

자연으로 가는 가벼운 소풍이 정민이가 크면서 캠핑으로 바뀌었다. 1박이 어려웠던 우리 가족의 상황상 하루를 최대한 길게 썼다. 아침 일찍 나가서 점심도 만들어 먹고 저녁에 불멍까지 즐기고 돌아오는 날이 많았다. 자연과 함께하는 생활을 좋아하다 보니 농장을 임대해서 텃밭을 운영했다. 밭갈이를 하고 씨를 뿌리고 수확까지 하는 전 과정이 새로운 가족 문화가 되었다.

정민이는 상추를 몇 장 따다가 곤충을 발견하는 순간 관찰 삼매경에 빠졌다. 야채가 많이 수확된 날은 이웃들과 나눠 먹었는데 그때 심부름은 정민이 담당이었다. 한 달 만 원으로 누리는 만족감이 우리 가족에게는 꽤 컸다. 양파를 수확해서 양파 장아찌를 담고, 다양한 야채를 심어 삼겹살 파티도 종종 즐겼다. 봄 식탁에는 샐러드가 항상 올라왔다. 텃밭을 가꾸면서 처음 알았다. 밭에서 막 딴 상추로 쌈을 싸 먹으면 싱싱한 야채가 고기보다 더 맛있다는 것을!

캠핑을 시작한 지 얼마 되지 않아 집에서 멀지 않은 곳에 한적한 자연 공간을 발견했다. 날씨만 좋으면 그곳에서 당일 캠핑을 즐겼다. 어린 손이지만 정민이가 아빠를 도와 타프를 치고 캠핑 장비를 설치했다. 나는 간식과 식사 준비 담당이었다. 같은 삼겹살도 야외에서 먹으면 끝없이 들어간다. 캠핑 때 빠질 수 없는 라면은 누가 끓여도 무조건 맛있다. 그러니 틈만 나면 당일 캠핑을 떠났다.

종종 지인들을 초대해 함께 즐겼다. 구경할 것, 탈것, 놀거리 등이 마땅치 않아 아이들이 심심할까 싶었는데 기우였다. 아이들은 자연에서 놀이를 만들어냈다. 갈대를 골라서 누가 더 큰지 키재기를 하고, 민들레 홀씨를 찾아 불어보기 시합을 하고, 각자 나뭇가지를 구해와 연못에서 낚시하는 흉내를 냈다. 길 좋은 곳에서 킥보드, 인라인, 자전거 등을 탔다. 운동장 같은 공터에서는 야구, 배드민턴, 캐치볼을 했다. 각자 가지고 있는 아이템을 들고 만나 공유하며 다양하게 즐겼다.

유아들이 "내가, 내가, 내가" 이 말을 입에 달고 살고, 혹시라도 부모가 손대면 대성통곡을 하는 시기가 있었다. 어른들 하는 모습이 신기해서 본인이 해보고 싶은 욕구가 강한 시기다. 안전한 범위에서 하게 해주고 기다려줬다. 멸치 똥 디딜 때, 잡곡밥 한다고 여러 쌀을 섞어 작은 통에 나눠 담을 때, 전 부칠 고기에 밀가루 입힐 때 정민이도 한몫 담당하게 해주었다. 본인이 요리에 참여한 음식은 뿌듯한 마음으로 잘 먹었다. 손이 많이 가는 요리일수록 정민이의 역할을 만들어주었다. 비록 시간은 오래 걸리고 요리 완성도는 떨어질 수 있지만, 가족이 함께 맛있는 음식을 만들어 먹는 즐거움으로 충분했다.

지난달부터 삐약삐약 소리에 눈뜨고, 잠들고 있다. 한밤중에 들리는 병아리 소리는 백색 소음처럼 일상이 되었다. 책을 읽고 병아리를 부화시켜 보고 싶다는 정민이의 바람을 들어주었다. 부화기를 빌려오고 유정란을 구해서 설명서대로 했지만 잘 안 되었다. 지인의 도움을 받았다. 태어난 지 일주일 된 병아리와 부화 과정에 있는 달걀 2개를 받았다.

현재는 두 마리를 키우고 있다. 아침, 저녁으로 온도 체크 해주고 배설물을 치워주며 정성스레 돌보고 있다. 아침, 저녁으로 모이를 챙기고 햇빛 좋은 날은 산책시켜 주면서 병아리들과 즐거운 교감을 하고 있다. 정민이와 함께 노는 병아리 모습에 아빠도 연일 웃기 바쁘다. 두 사람의 공통 관심 주제가 추가된 만큼 대화도 더 늘어났다.

오감을 자극할 수 있는 다양한 체험이 중요하다. 비용을 지불하거나 교육 센터를 통해서만 가능한 일이 아니다. 자연스럽게 배우고 터득할 수 있는 환경을 만들어주면 된다. 남에게 피해를 주지 않는다면, 위험한 일이 아니라면 웬만하면 하게 해주자.

"안돼! 하지 마!" 보다

"그래? 한번 해볼래"라고 말해주고 기다려주자.

그런 환경을 만들어주는 것만으로도

아이들 호기심이 다양한 경험을 만들어낸다.

차곡차곡 쌓여가는 경험은 아이들에게 값진 선물이 될 것이다.

마음을 챙기는 질문을 자주 하자

대화가 되던 유아 때부터 정민이에게 세상에서 누구를 제일 사랑하는지 묻곤 했다. 망설임 없이 바로 엄마라고 대답했다. 엄마에게도 정민이가 일 번이라고 말하며 아이를 꼭 안아주었다. 아이를 품에 안은 상태로 엄마를 최고로 사랑해줘서 고맙다는 말과 함께 바람을 더했다. 엄마보다는 정민이를 일 번으로 사랑했으면 좋겠다고 했다. 아직은 어려서 무슨 말인지 와닿지 않을지라도 스며들 듯 전해주고 싶었다. 엄마인 나의 자존감 회복을 위해 노력 중이고, 아픔에 대한 치유 과정을 겪던 시기였기에 '내가 나를 사랑하는 일'이 더 중요함을 깨달았다.

초등학교 고학년이 될 때까지 정민이의 대답은 한결같았다. 초보 엄마라 서툴고 실수도 많이 하는데 엄마를 일 번으로 좋아해줬다. 아빠가 매일 잘 놀아줬음에도 그래도 엄마가 먼저였다. 남편이 서운해

할 정도였다. 자존감 낮은 엄마였음에도 있는 그대로 인정해주고 사랑해주는 아이가 고마웠다. 잘못하는 것도 많은데 우리 엄마가 최고라고 해주는 정민이를 통해 무조건적인 사랑이 무엇인지 배웠다.

하교 픽업 후 집에 왔다. 슬슬 저녁을 해야 할 시간인데 극도로 피곤함이 몰려왔다. 잠깐만 쉴 생각으로 안방에 가서 누었다. 잠시 후 정민이가 방에 들어오더니 가방에서 종이를 꺼냈다. 안내장인가 하고 받아봤는데 상장이었다. '위 김은정은 아이를 잘 돌보고 요리를 잘하기에 상장을 드립니다.'라고 적힌 칭찬 상장을 내밀었다. 초등 2학년 아이의 귀여운 글씨체로 적힌 문장이 그날 피로를 말끔히 날려주었다. 잘 돌본다는 말에 정민이의 마음이 느껴졌다. 육아서 책에서 배운 대로, 강의에서 들은 대로 실천 못 할 때가 많았는데 애쓰고 있는 마음을 격려받는 느낌이었다.

아이들이 좋아하는 햄, 소시지와 같은 음식들보다는 건강식 식단으로 밥을 차렸다. 언제나 맛있는 배달 음식보다는 건강한 집밥을 해줬다. 그런데도 반찬 투정 한 번 안 하고 잘 먹어주는 정민이가 기특했는데, 요리를 잘한다고 생각해주니 오히려 엄마인 내가 더 고마웠다.

세상에서 누구를 제일 사랑하는지 물었다. 어느 정도 컸다고 이제는 자신이라고 대답한다. 자주 접한 질문이다 보니 대답이 자연스럽다. 대화 말미에는 자기 자신을 사랑할 줄 아는 사람이 진정으로 타인도 사랑할 줄 안다는 책의 메시지도 전해줬다. 사춘기가 오려는 요즘도 가끔 물어본다. 자신을 향한 애정 전선에 이상이 없는지 살피는 시간이다. 자신을 사랑하고 타인을 배려하는 마음이 건강한 어른으로 자라면 좋겠다.

'자신에 대한 존엄성이 타인들의 외적인 인정이나 칭찬에 의한 것이 아니라 자신 내부의 성숙한 사고와 가치에 의해 얻어지는 개인의 의식'이 자존감에 대한 사전적 의미다. 자기 존재에 대해 무한 긍정을 하는 사람으로 자라면 좋겠다. 살면서 어려움을 마주하고 고난을 겪더라도 단단한 자존감으로 현명하게 이겨나가길 바란다.

가끔 장난기가 발동해서 정민이에게 퀴즈를 낸다. 무턱대고 "너 그거 모르지?"라고 묻는다. 어리둥절해서 뭐냐고 되묻는다. 정민이 궁금증이 커지도록 "진짜 모르는구나"라는 말을 반복한다. 표정 연기를 하며 계속 뜸을 들인다. 그럼 아이는 이것, 저것 떠오르는 말을 해보지만, 이걸 맞추는 게 더 이상한 질문이다.

"엄마가 세상에서 정민이를 제일 많이 최고로 사랑해."

회복탄력성 책에서 읽은 것처럼 변함없는 지지를 해주고 있음을 말로 표현해주고 싶었다. 물론 일상 속에서 자연스럽게 느끼는 것도 중요하지만 가끔은 이렇게 대놓고 사랑 고백하는 것도 좋다. 싱거운 퀴즈지만 아이 표정을 보니 미소가 가득하다.

정민이가 고학년이 돼서 위 질문이 낯간지럽긴 한데 그래도 가끔 물어봐준다.

"알아요! 엄마가 저를 엄청 사랑한다는 거요."

답을 아는 퀴즈지만 초등학교이어서 그런지 아직은 유효한 애정 대화다.

날씨가 좋은 평일 저녁은 식사 후 가족 산책을 즐기는 편이었다. 정민이도 제법 산책 맛을 알아서인지 가끔 먼저 청하기도 한다. 아이 손을 잡고 걷는 그 시간이 참 따뜻하다. 포개진 손이 제법 컸다는 게 느껴졌다. 갑자기 정민이의 행복지수가 궁금했다. 행복하다고 대답하는 아이에게 이유도 살포시 물어봤다. 특별한 이유는 없단다. 그냥 편하게 좋다고 한다. 자연스럽게 아이도 마음이 평온하면 행복한 삶이라고 느끼는 것 같다. 이유가 어찌 되었든 아이가 행복하다는 말을 들으니 내 마음도 덩달아 미소를 짓는다.

그 후로도 잊을 만하면 한 번씩 물었다. 아침에 숲길에서 손잡고 모닝 산책을 하다가도, 함께 자자며 옆에 누워 있을 때도, 잠이 좀 덜 깬 듯한 아침 식사 시간에도, 장 본다고 카트를 밀며 마트를 돌면서도, 아침 등굣길 다른 주제로 이야기하다가도 끝 무렵에 불쑥 물어보기도 한다. 아이가 느끼는 심리 상태가 상황마다 다를 테니깐. 일상 속에서 아이의 행복지수를 살피는 대화를 하다 보면 이런저런 이야기를 계속 듣게 된다. 여러 감정이 공유되면서 아이 생각에 대해 좀 더 알게 된다.

또, 정민이에게 현재 지금 행복한 게 중요하다는 것을 말해주고 싶다. 그러기 위해 "행복하니?"라는 질문을 한다. 앞으로도 마음 안

부 묻듯 계속 물어봐 줄 계획이다. 현재의 행복을 챙기며 행복은 강도가 아닌 빈도임을 깨달았으면 좋겠다. 지금은 물론이고 어른이 돼서도 미래의 행복에 현재가 저당 잡히질 않길 바라기 때문이다.

자녀들에게 마음 챙기는 질문을 자주 해보자.
자존감은 단단하게 잘 자라고 있는지,
현재 행복지수는 어떠한지,
절대적인 사랑과 지지를 해주는 부모가
든든하게 있다는 것을 느끼고 있는지!!

좋고, 나쁘고, 힘들고, 어렵고, 기쁘고, 슬프고 등등 본인의 감정을 인지하고 잘 표현 했으면 하는 바람으로 여전히 실천 중이다.

방학이 두렵지 않은 이유, 도서관

아이들 방학하는 날이 엄마에게는 개학이란다. 아이들 개학날이 엄마에게 방학 시작이라며 만세를 부른다고 한다. 이 우스운 이야기가 어떤 의미인지 알기에 이해가 되면서도, 동시에 방학이 왜 부담으로 다가오는지 경험하기 전이라 조금은 의아하기도 했다. 취학 전에도 집에서 함께하는 시간이 많았던 터라 방학은 그 연장선으로 여겨졌다. 오히려 나에게는 등하교 픽업을 안 해도 되니 체력적으로도 편하고, 서두르지 않아도 되니 여유있는 아침을 보낼 수 있을 것 같았다.

방학식이 있는 7월은 방과 후 수업이 종료되어 3시 20분 하교가 1시 반으로 당겨졌다. 일할 시간이 줄고 정민이와 함께할 시간이 늘어났다. 종일 같이 보내야 하는 방학을 위해 예행 연습을 시켜주는 것 같았다. 대부분 데이트하며 보냈다. 시원한 팥빙수 먹으러 가기도 하고, 엄마가 일하는 공간에서 각자 일을 하기도 했다. 집에 가는 길에 있는 도서관에 가서 책도 빌리고 독서를 하기도 했다. 이러면서 정민이와 처음 맞이하는 여름방학을 어떻게 보낼지 구상했다. 그 답을 도서관 어린이실에서 찾았다. '그래, 여기다!'

방학을 앞두고 아이에게 첫 방학에 기대감을 물어보았다. 아직 경험 전이라 잘은 모르겠지만, 등교를 안 하니깐 늦잠 자는 게 제일 먼저 떠오른다고 했다. 평소에 주말의 늦잠이 달콤하듯, 평일의 늦잠은 방학이 주는 특혜임을 동의했다. 방학 때 늦잠을 자면 달콤해서 좋기는 한데, 개학하면 생기는 어려움은 어떤 것이 있을지 이야기를 나눴다. 주거니 받거니 대화하면서 좋은 습관과 안 좋은 습관 이야기로 연결되었다. 결국 대안은 방학 때도 규칙적인 생활을 이어가는 것이었다. 다만, 학교 갈 때처럼 일찍 일어나지 않아도 되니 부담은 없었다. 핵심은 매일 아침 규칙적으로 출근할 수 있는 안성맞춤 공간이 있다는 점이다.

1학년 여름방학 첫날부터 실천에 옮겼다. 평소보다 30분 정도 늦게 일어나서 아침을 여유롭게 먹고 8시 40분쯤 집을 나섰다. 주차하고 도서관에 들어가면 9시 전후가 된다. 칼같이 9시에 문이 열리기에 가끔 몇 분씩 기다릴 때도 있었다. 1등으로 입장해서 좋은 곳에 자리 잡았다. 오늘 할 일에 대해 각자 계획을 세우고 플래너에 쓰인 내용대로 오전 시간을 보냈다. 검색 기능을 활용해서 도서 대출을 스스로 해보고, 눈에 들어오는 책도 읽고, 다른 형아 누나들이 읽는 책 중 관심이 가면 찾아보기도 했다. 어린이 쇼파에서 뒹굴거리며 사람들을 구경하기도 했다. 집에서 가져온 수학 문제집 풀기, 스케치북에 크로키 연습해보기, 색종이로 종이접기 하기, 엄마 노트북 활용해서 한컴타자 연습하기 등 여러 가지 일로 하루를 채웠다.

가방을 메고 아파트 공동 현관문을 나가는 뒷모습, 도서관 문이 열리기를 기다리는 정민이의 뒷모습이 지금도 눈에 선하다. 짠하면서도 대견했다. 늦잠 잔다고 투정 부리기는커녕 학교 다니는 것의 연장으로 생각하고 협조해준 자체가 기특했다. 놀더라도 도서관에서 놀자는 마음이었다. 학년이 올라갈수록 정민이가 도서관의 장점을 인지하면서 더 적극적이었다. 첫 방학을 도서관에서 시작하기 잘한 것 같다.

방학 횟수가 쌓일수록 우리 가족은 도서관을 즐기다 못해 사랑하게 되었다. 여름에는 시원하고 겨울에는 따뜻하고! 이보다 더 좋은 환경이 있을까 싶었다. 밖에서 아무리 비바람이 불고 눈보라가 쳐도 도서관 안은 평온했다. 도서관 생활의 소소한 즐거움도 우리 가족에게는 추억이었다. 점심 식사 후 도서관 주변에 잘 조성된 공원을 산책하는 시간이 여유를 선물해준다. 관찰력과 호기심 뛰어난 아이 덕에 공원에서 보내는 시간도 꽤 되었다. 각자 좋아하는 공간에서 따로 있다가 아빠로부터 커피 타임이라는 문자가 오면 휴게실에 모여 맛있는 간식을 즐겼다.

도서관 생활의 또 다른 즐거움은 점심시간이었다. 첫 여름방학 때는 '오늘 뭐 먹을까'라는 고민이 즐거움이었다. 정민이랑 매일 데이트하는 기분이었다. 정민이는 매일 새로운 메뉴를 고르고, 맛집을 다니니 좋아했다. 도서관 생활의 큰 재미 중 하나였을 것이다. 학년이 올라갈수록 외부에서 밥 먹는 게 힘들어졌다. 푹푹 찌는 날씨가 문제였다. 갈 때는 배고픔에 그래도 걸어가는데, 돌아올 때는 고행이었다. 차로 이동하면 편하겠지만 주차 문제 때문에 불가능했다. 결국 우리가 찾은 대안은 도시락이었다. 공원에서 먹는 도시락은 꿀맛이었다. 소풍 나온 기분이었다.

요즘은 도서관 시설이 더 잘 되어 있다. 새로 생기는 도서관은 감탄할 정도다. 이 멋진 공간을 자녀와 함께 누려보는 시간을 자주 가졌으면 좋겠다. 주말과 방학은 더할나위 없이 좋은 기회다. 아이도 부모도 성장하는 시간, 힐링하는 공간 등 모든 것이 가능한 곳이다. 이런 분위기가 가족 문화로 정착이 된다면 1년에 두 번 맞이하는 방학이 절대 두렵지 않을 것이다.

도서관 생활의 즐거운 맛을 느끼고 나면
오히려 기다려질 수 있다.

가족 시무식

늘 연말이 되면 연초에 세웠던 계획표를 보며 한 해를 돌아봤다. 며칠 후면 맞이하는 새해 계획도 공들여 세웠다. 20살부터 해왔던 일이기에 안 하고 넘어가면 찝찝하다. 결혼한 후에는 계획표에 가족 관련 일들이 다방면으로 포함되었다. 가정이라는 울타리 내에서 이뤄지는 일들이기에 혼자서 할 수 있는 내용이 아니었다. 하지만 남편은 이런 쪽에 관심이 전혀 없었다. 함께 계획도 세우고 이야기도 나누면 얼마나 좋을까! 나중에 아이가 좀 더 자라면 가족 모두가 참여할 수 있는 좋은 문화가 될 텐데… 매번 아쉬웠다.

사는 대로 생각하는 것이 아닌 생각대로 살고 싶어서 노력한다. 나이 먹을수록 더 나은 보석으로 빛나기 위해 현재를 후회 없이 살고 싶다. 20대 때부터 자기 계발에 관심이 많았고 좋아했다. 출산하고 몇 년 독박 육아하면서 잠시 주춤하긴 했지만, 관심은 여전했다. 아이 입학을 계기로 인생의 2막 준비에 시동을 걸었다. 삶을 다시 주도적으로 이끌고 나갈 생각에 부풀었다. 이런 것에 관심 없는 남편에게 연말에 소감과 새해 계획을 물어보면 대답이 한결같았다. '또 한 살 먹는구나! 새해에도 건강하게 열심히 살자! 끝.' 이런 분야에서는 온도 차가 커도 너무 컸다.

대화 도중 남편 회사에서 시무식을 한다는 말이 나왔다. 그 순간 머릿속에서 좋은 아이디어가 떠 올랐다. '시무식을 회사만 하라는 법 있나! 가정도 엄연한 하나의 공동체인데.' 남편에게 가족 시무식을 하자고 했다. 집에서? 당황했다. 아이에게 좋은 습관을 만들어줄 수 있다고 하니 거절은 못 했다. 내가 도와줄 테니 걱정 붙들어 매라고 했다. 처음부터 잘하는 사람이 어딨냐며 자신감을 가지라고 했다.

양식을 메일로 보내줬는데 반응이 미지근했다. 권했던 나까지 힘 빠지려 했지만, 첫술에 배부르길 바라지 않기로 했다. 며칠 후 옆에서 책을 읽고 있던 아이를 보니 또 한 번 머릿속이 반짝했다. 아이에게 표를 보여주면서 가족 시무식 이야기를 꺼냈다. 표를 작성하고 발표하는 시간이라고 설명해줬다. 정민이는 아직 어리니깐 표 만드는 것은 도와주겠다고 했다. 행사 끝나고 치킨 파티를 할 것이라고 했더니 급 관심을 보였다. 아빠가 정민이보다 잘하기 위해 열심히 준비 중이라고 했더니 승부욕을 보이며 적극적으로 하고 싶어 했다.

그날 저녁, 전혀 준비 안 하는 남편에게 제대로 준비해야 할 것 같다고 흘리듯 말해줬다. 아빠보다 잘하려고 열심히 표를 완성하는 중이라고 정보를 살짝 흘렸다. 시무식날 아이 앞에서 아빠 체면 구겨질까 염려된다는 걱정도 곁들였다. 이때만 해도 별 반응이 없던 남편. 다음날 출근해서 양식을 메일로 보내주라는 문자가 왔다. 아무렇지 않게 대답했지만, 속으로는 쾌재를 불렀다. 선의의 경쟁을 붙였더니 아이와 남편 둘 다 열심히 준비했다.

첫 번째 가족 시무식! 방이 있는 치킨집에서 했다. 통닭을 너무 사랑하는 정민이를 위해 메뉴를 선정했다. 발표하는 걸 부끄러워하는 아이를 위해 분리된 공간이 있는 곳으로 선택했다. 집에서 할 수도 있지만, 행사라는 느낌을 심어주기 위해, 외식이라는 즐거움을 가미하기 위해 밖에서 했다. 유치원 재롱 잔치 이후 처음으로 엄마, 아빠 앞에서 발표하던 초등 1학년 때 모습이 사진으로 남아있다. 부끄럽지만 용기를 내서 새해 계획을 발표하는 앳된 모습에 수줍음이 가득하다.

다음 해에는 가족 단골 통닭집이 생겨 장소는 따로 고민할 필요가 없었다. 한 해 더 자랐다고 두 번째는 씩씩하게 했다. 1년 전에는 부끄러워 두 손이 바지 옆 자락을 꼭 잡고 있었는데 이번에는 수저를 마이크 삼아 발표했다. 두 번째 행사인 만큼 작년 계획표를 보며 한 해 돌아보기가 추가되었다. 세 번째 해에는 발표하는 모습이나 내용을 보니 정민이가 훌쩍 자라 있었다. 힌 해를 돌아보며 평가하는 방법이 아이답게 재미있게 표현되어 있었다. 이제는 정민이도 가족 시무식을 즐기는 것 같았다.

단골 통닭집이 문을 닫아 그다음 해에는 가족 단골 카페에서 했다. 이른 아침 가족 시무식을 하고 각자 독서 시간까지 즐기기에 딱 좋은 카페였다. 정오쯤 맛있는 외식으로 시무식 파티를 즐겼다. 카페가 여의치 않을 때는 스터디 룸에서 진행하기도 했다. 어느 순간부터는 남편이 더 적극적으로 챙겼다. 연말이 되면 작년에 작성한 계획표와 새 계획을 적을 새로운 양식을 가족들에게 나눠줬다. 아빠만 달라진 게 아니라 아이도 변했다. 처음에는 엄마에게 의존하는 편이었는데, 차츰 독립하더니 고학년 때부터는 100% 본인 생각을 담았다. 좋은 현상이었다. 본인이 사는 한 해 계획표인데, 자기 생각을 담아 주도적으로 짜야지!

자녀를 키우는 부모들에게 가족 시무식을 추천한다. 일 년에 한 번 하는 행사이지만, 꾸준히 이어서 하니 얻는 게 많다. 한 해, 한 해 자라는 아이의 성장을 볼 수 있다. 훌쩍 큰다는 말이 어떤 느낌인지 경험할 수 있다. 나누는 대화 속에서 아이의 생각과 마음을 읽을 수 있다. 아이의 성향과 기질이 보이기도 한다. 부모 앞에서 발표할 기회가 많지 않은데 자연스럽게 그런 환경을 만들어주니 아이도 편하게 도전해볼 수 있다. 지금은 엄마, 아빠 따라 흉내 내는 수준이지만, 성인이 되었을 때는 해본 경험이 있기에 한 해를 돌아보고 새해 계획을 세우는 것에 익숙할 것이다. 이렇게 장점이 많은 데 안 할 이유가 없지 않을까!

하루 15분 인문학 독서토론

2021년에 출간된 《거북이 독서혁명》에 나온 것처럼 나는 후천성 독서가이다. 인생에서 최악의 시련을 경험할 때 본격적인 독서를 하게 되었다. 나는 이때를 생존 독서라 부른다. 10년이 지난 후 두 번째 독서를 만났다. 정민이가 학교에 들어가면서 주어진 시간을 독서에 할애했다. 우선순위를 독서에 두고 다방면의 책을 읽어댔다. 이때를 폭풍 독서라 부른다. 그 후 나는 책과 뗄 수 없는 사이가 되었고 지금은 매일 책을 읽는다. 다이어리에는 항상 책 목록이 적혀 있고, 자동차, 거실, 주방, 침실 등 자주 머무는 공간에는 항상 책이 놓여 있다. 현재 나는 평생 독서를 실천 중이다.

가족 모두가 책과 함께하는 시간을 꿈꿨다. 좋은 책을 만나면 서로 추천해주고 같은 책을 읽고 남편과 이야기 나누길 원했다. 정민이한테도 책을 사랑하는 습관을 만들어주고 싶었다. 내가 책을 통해 돈으로 살 수 없는 가치를 얻은 것처럼 정민이도 책과 평생 친구로 지내길 바랐다. 하지만 이건 어디까지 엄마의 바람일 뿐 실현되기까지 넘어야 할 산이 많았다. 가정에 책 읽는 문화를 만들고 싶은데, 남편부터 비협조적이었다.

날씨가 별로인 휴일은 나들이 대신 함께 도서관에 가고 싶었다. 책으로 여유를 부리고 싶었다. 카페에서 백색 소음을 배경 삼아 각자 좋아하는 책을 읽는 시간을 즐기고 싶었다. 손잡고 산책을 할 때 여러 주제로 나누는 대화 속에 책도 한 대목 차지하길 원했다. 그러나 그건 어디까지나 나의 소원일 뿐 현실 가능성 제로였다. 남편은 독서와 거리가 멀었다. 책 한 권씩 읽을 때마다 맛있는 음식으로 파티를 해주고, 보너스를 제공해보기도 했지만 반짝하다 말았다. 읽다 보면 인생 책을 만나서 깨달음을 얻지 않을까 기대했지만, 자발성이 결여된 독서 효과는 미비했다.

왜 책을 읽어야 하는지를 기막히게 표현해준 그림을 만났다. 나 역시도 그 사진을 보고 감탄했던 터라 남편에게도 보여줬다. 다만, 그림에 남편이 아닌 아이를 대입해서 물어보았다.

"여보! 이 그림 봐봐. 독서의 중요성을 정말 잘 표현하지 않았어! 책 위에 올라서 있는 세 사람을 통해 아는 만큼 세상이 보인다는 것을 기막히게 표현하고 있잖아. 당신은 우리 정민이가 이 세 사람 중 어떤 사람으로 성장했으면 좋겠어?"

이 질문은 제대로 효과를 보았다. 대화를 나눌 당시에는 큰 반응이 없었는데, 그 주 주말에 바로 행동으로 옮겨서 깜짝 놀랐다. 남편의 빠른 실행 덕분에 토요일 오후 내내 도서관에서 놀았다. 이때를 시작으로 캠핑이나 소풍을 못 가는 날은 무조건 도서관 나들이를 했다. 그렇다고 남편이 독서를 좋아하게 된 것은 아니지만, 과거와 달리 한 권을 읽더라도 자발적으로 읽었다.

모든 것에 호기심이 많은 정민이는 유아 때부터 관찰하고 탐험하고 돌아다니느라 엉덩이가 바닥에 붙어 있질 않았다. 책을 아무리 읽어주려고 해도 정민이의 관심은 자기를 둘러싼 세상에 있었다. 그러다 에너지가 어느 정도 소진된 저녁에는 신기하게도 책을 꺼내왔다. 정민이의 성향을 인정하고 낮에는 마음껏 뛰어놀게 하고 저녁에는 남편이랑 번갈아 가며 책을 읽어줬다. 정민이는 책벌레라는 소리를 들을 만큼 책을 좋아하지도, 그렇다고 책을 멀리하지도 않은 중간 정도였다. 오히려 학년이 올라가면서 책 읽는 시간이 많아졌고 자연스럽게 독서와 친해졌다.

남편에게 쉽게 읽히는 독서 입문서 몇 권을 권해주면서 가족 북파티를 제안했다. 도서관 생활에 익숙해지면서 책과 조금 가까워진 남편은 찬성했다. 직장 생활이 바쁜 남편은 한 달에 한 권, 엄마는 세 권, 아이는 네 권을 읽으면 빙고를 외치기로 규칙을 정했다. 그다음 책 한 권씩 선택해서 가족 독서토론을 하고 나면 엄마가 맛집 외식권을 쏘기로 했다. 책을 자주 읽는 정민이는 맛집 보너스에 바로 찬성을 외쳤다. 주말 아침 책 한 권씩 들고 단골 카페를 찾기도 하고, 점심시간에 맞춰 책을 들고 레스토랑을 방문하기도 했다. 가끔은 아이가 좋아하는 통닭을 사 와서 파티 준비를 해놓고 거실 테이블에서 독서토론을 했다.

남편을 독서 세계에 더 끌어당기고, 아빠 교육에도 도움이 되도록 교육전문가인 심정섭 선생님 가족과 함께하는 자리를 몇 번 마련했다. 예전에 '경제 독립 & 교육 독립' 활동을 심 선생님과 여러 번 했던 터라 남편도 선생님을 간접적으로는 알고 있었다. 만남 후에 '공부하는 부모만이 내 가정을 건강하게 지킨다.' 메시지에 공감하며 가정 교육에 도움이 되는 선생님 책을 읽기 시작했다.《1% 유대인의 생각 훈련》,《공부보다 공부그릇》,《하루 15분 인문학 지혜 독서법》까지 읽었을 때 하루 15분 인문학 독서토론을 실천해보자고 제안했다. 이전 책을 읽고 안식일 식탁 실천도 몇 번 해봐서 그런지 이번에는 좋은 생각이라며 적극적으로 참여했다. 우리 가족 상황상 매일 하는 건 불가능하고, 구성원 모두에게 부담되면 안 되니 매주 주말에 가족 독서토론 시간을 만들기로 했다.

책 선정부터 시간이 걸렸다. 한두 권 실패 후 위의 책에 소개된 책이 아닌 다산 관련 책으로 시작했다. 중간에 어려움이 많았다. 딱딱한 내용 때문에 진행이 잘 안 될 때도 있고, 기존에 했던 독서토론과 다른 방식이다 보니 남편과 나 사이에 충돌이 여러 번 일어나기도 했다. 어떤 날은 다른 문제가 토론 시간에 불거지기도 했다. 그래도 차츰 나아져 가는 모습을 서로 발견하며 울퉁불퉁한 초행길을 멈추지 않고 걸어갔다.

인문학 지혜 독서토론을 하면서 가장 큰 발전은 정민이에게 있었다. 처음에는 어떤 주제에 대한 느낀 점과 자신의 의견을 발표하는 것을 꽤 어색해했다. 시간이 답이었다. 매주 꾸준히 하다 보니 책 중반쯤 넘어갈 때는 훨씬 자연스러웠다. 때론 정민이가 먼저 인문학 독서토론 시간을 챙기고 준비하기도 했다. 자칫 도덕 교과서 같은 소리라고 여겨질 귀한 메시지를 정민이랑 같이 읽고 생각을 나누는 시간은 부모인 우리에게도 귀한 시간이었다.

아빠와 단둘이 여행

남편에게 우리 가족만의 '아빠 어디가'를 찍어보자고 했다. 남편은 무슨 뚱딴지같은 소리냐는 표정으로 쳐다봤다. 실제 방영되고 있는 〈아빠 어디가〉 프로그램, 한때 열풍이었던 제주도 한 달 살기 문화에 대해 말해줬다. 거기서 아이디어를 얻어서 우리 가족 상황에 맞게 각색해보자고 했다. 정민이 방학 때 일주일 정도 단둘이 여행을 권했다. 일회성이 아닌 방학 때마다 계속 진행되면 부자 모두에게 좋은 문화가 될 것 같았기 때문이다.

남편은 난감해했다. 불편한 기색이 역력했다. 아내가 권하는 좋은 취지는 알겠으나, 갑자기 둘이서만 간다는 것을 부담스러워했다. 항상 셋이서 세트로 잘 다녔다. 캠핑, 나들이, 여행 등 준비와 진행 그리고 마무리까지 손발이 척척 맞았다. 그런데 둘이서만 다녀오라니 당황하는 게 당연했다. 여기에 한 가지 이유가 더 있었다. 정민이가 컨디션 좋을 때는 아빠가 워낙 잘 놀아주니깐 엄마가 크게 필요치 않았다. 엄마의 주 임무는 요리와 간식 담당이어서 먹을 때만 찾았다. 그러나 정민이 컨디션이 별로이거나 투정 부릴 때는 엄마 없이는 해결이 안 되었다. 아빠랑 충돌이 생겼을 때도 엄마가 중재해주지 않으면 사태가 더 악화될 때가 많았다. 아빠는 정민이가 왜 우는지, 왜 삐졌는지, 왜 떼를 쓰는지 이유를 알지 못해서 답답해했다. 애써 놀아줬는데 정민이가 자기 마음을 몰라준다고 속상해했다. 답답한 마음에 오히려 더 화를 내기도 했다. 당황하는 남편도 이해가 되니 기다려주기로 했다.

반신반의하고 있었는데, 며칠 후 남편이 한 번 해보겠다고 했다. 다만, 처음이니깐 5일은 너무 긴 것 같고 2박 3일로 다녀오겠다고 했다. 장소는 서울을 생각 중이라고 했다. 용기 내준 남편에게 고마웠다. 장소, 일정, 식사, 숙소 등 남편에게 결정권을 주고 전혀 관여 안 하기로 했다. 응원의 의미로 여행 경비를 대고, 남편이 요청하는 것들을 바로바로 해결해주었다.

처음인 만큼 남편은 정성껏 준비했다. 양식을 갖춘 일정표를 보여줬다. 남산타워, 국립중앙박물관, 독도체험관, 과천과학관, 국립한국박물관 등을 돌아볼 예정이라고 했다. 그에 대한 구체적인 상황들까지 꼼꼼히 기록되어 있었다. '이렇게 잘할 거였으면서!' 웃으며 엄지손가락을 치켜세워줬다.

이른 아침 송정역에 두 부자를 내려주고 왔다. 평소처럼 하루 일정을 보내는데, 어색했다. 그러고 보니 나도 정민이랑 처음으로 떨어져 지내는 것이었다. 여행지마다 잘 노는 사진을 남편이 틈틈이 보내 주기는 했지만, 저녁이 되니 정민이가 더 보고 싶어졌다. 그때 남편한테 전화가 왔다. 꽤 상기된 목소리였다.

"여보! 나 이거 하기 정말 잘한 것 같아. 너무 좋은 시간이야. 와~ 우리 정민이한테 이렇게 기특한 모습이 있는지 몰랐어. 의젓하게 잘하고 재미있게 잘 놀아. 나 이거 매년 해야겠어. 너무 좋네!"

기대 이상의 반응에 나까지 기분이 좋았다. 권하기 잘했다는 뿌듯함에 어깨가 으쓱했다. 걱정 반, 기대 반으로 도전했던 부자 여행을 통해 남편은 평소 몰랐던 정민이 모습을 처음으로 자세히 봤을 것이다. 애교 많은 정민이의 사랑을 듬뿍 받고, 여행에 만족하는 행복한 웃음을 보면서 준비한 보람이 컸을 것 같다. 가장 큰 수확은 부자 여행 첫 경험을 계기로 남편의 '아빠 육아 나이'가 꿈틀대기 시작했다는 점이다.

2탄은 제주도로, 3탄은 다시 서울로, 4탄은 서천과 대전으로, 5탄은 경기도로. 해가 더해 갈수록 부자 여행은 더 다채로워졌다. 정민이의 참여도가 커지면서 둘이 같이 준비하는 여행으로 성장해갔다. 전국을 돌면서 둘만의 알콩달콩 추억들이 보물처럼 쌓여갔다. 가끔은 엄마의 깜짝 방문 이벤트로 아들의 만족도와 행복지수를 높여 줬다.

여행에서 돌아오는 부자를 만나러 가는 길이 어찌나 설레던지… 기차에서 내린 정민이는 엄마를 보자마자 전력 질주해서 품에 안겼다. 엄마에게 여행 이야기를 전해주느라 입이 쉴새 없이 쫑알거렸다. 며칠 동안 독립적으로 지냈다고 좀 더 의젓해 보였다. 비록 코로나로 인해 멈췄지만, 부자 여행을 통해 정민이는 의젓하게, 아빠는 따뜻하게 성장하는 시간이었다.

정민이가 유치원을 졸업하는 해부터 우리 가족은 또 새로운 문화를 만들었다. 그건 바로 '한 해를 각자 영역에서 열심히 살고 그 선물로 연말과 새해를 해외에서 맞이하기'였다. 내가 가족을 위해 준비하는 연말 선물이기도 했다. 코타키나발루, 싱가포르, 세부 등 여권에 도장이 늘어갈수록 가족들의 만족도는 말로 표현할 수 없을 정도로 높았다. 연말, 연초를 해외에서 맞이하는 여행은 가족 모두에게 생활의 활력소가 되었다. 이 좋은 가족 행사가 코로나로 인해 몇 년째 멈췄다. 그러나 언젠가 다시 떠날 거라는 기대감으로 다음 여행을 손꼽아 기다리고 있다.

우리 둘 다 여행을 좋아하다 보니 기회가 되면 부지런히 떠났다. 명소, 유원지, 관광지보다 한적한 곳, 자연 그대로를 즐길 수 있는 곳을 좋아했다. 사람들이 많이 이용하는 캠핑 장소보다 잘 알려지지 않은 곳을 찾아다녔다. 함께하는 여행 시간이 많았기에 우리 가족은 추억 부자라는 생각이 든다. 에피소드가 워낙 많아서 여행만으로도 책한 권을 쓸 수 있을 정도다. 힘든 여행도, 편안한 여행도, 술술 풀렸던 여행길도, 돌발 상황에 고생한 여행길도 지나고 보면 모두 옳았음을 깨달았다.

　　부모가 아이에게 물려줄 수 있는 값진 선물 중 하나가 다양한 여행 경험이다. 건강만 허락한다면 못 떠나는 이유보다, 떠날 수 있는 이유를 만들어 여행을 선물해주고 싶다. 아이는 생각보다 빨리 커서 독립하므로 가족 여행만큼은 다음으로 미루지 않으려고 한다.

　　지금도 늘 말한다. 여행은 언제나 옳다고!

비우면 행복해진다

점심에 외식이 예정되어 있어 그런지 주말 아침을 맞이하는 가족들 마음이 가뿐하다. 나는 요리 휴가, 남편은 설거지 휴가, 아이는 별식 당첨이다. 패밀리 레스토랑에 가기 전 들렀다 가는 곳이 있다. 주차장에 차를 세우고 정민이는 집게를, 남편은 빗자루를, 나는 손걸레를 집어 들었다. 아이는 건물 외부 주변에 떨어진 쓰레기를 주웠다. 남편과 나는 기본 청소를 끝내고, 분리 수거함을 깨끗이 정리해서 비웠다. 유리창 먼지를 닦고 창고도 청소했다. 그 외 다른 손 볼 곳이 없는지 점검했다. 건물 대청소를 하고 먹는 점심은 더 꿀맛이었다.

정민이는 처음 몇 번은 멋모르고 따라와 도와주는 즐거움에 동참했다. 정기적으로 하니 우리 건물이냐고 물었다. 갑작스러운 질문에 당황했지만, 아직은 어리다는 생각에 바로 아니라고 말했다. 돈에 대해서 스스로 생각할 수 있을 때, 부에 대한 겸손함의 중요성을 느꼈을 때 알면 좋겠다는 바람이었다.

청소하는 이유를 물었다. 미국에 계신 아빠 친구분의 부탁으로 대신 관리해주고 있다고 둘러댔다. 혹시 하기 싫어서 그러나 싶어 의중을 물어봤다. 하고 싶을 때도 있고, 안 하고 싶을 때도 있어서 반반이라고 했다. 그래서 우리가 공짜로 하는 것은 아니라고 했다. 관리해줌으로써 따라오는 비용으로 여유를 더 누리고 있음을 말해줬다. 비용을 받고 한다니깐 정민이 반응이 긍정적이었다. 파스타와 돈까스를 맛있게 먹으며 더 열심히 할 수 있다고 말하는 모습이 귀엽다. 건물 옆 레스토랑은 대청소 후 보너스로 즐기는 곳으로 고정했다. 비용을 들여 청소를 맡길 수 있지만, 직접 관리함으로써 얻는 장점이 많기에 시간적, 물리적 상황이 가능한 한 계속할 생각이다.

미니멀 라이프에 관련된 책을 자주 접하면서 실천하고 싶어졌다. 비어 있는 공간이 주는 충만함이 좋았다. 나중에 아이가 독립하고 나면 생활에 꼭 필요한 필수 물품만으로 살고픈 바람이 크다. 가족들도 미니멀 라이프 관련 영상을 종종 봤던 터라 자연스럽게 받아들였다. 깔끔하게 정리된 공간을 싫어할 사람은 없으니! 불필요한 짐을 들어내니 33평 아파트에 남는 공간이 늘어났다. TV도, 쇼파도 없는 거실은 미니 운동장 같았다. 안방도 너무 크고 앞 베란다도 노는 공간이 많았다. 우리 가족에게는 24평이면 적당할 것 같았다.

정민이가 고학년이 되었을 때 이사할 계기가 찾아왔다. 아파트는 24평을 알아보았고 주택은 아담한 곳을 보러 다녔다. 건물을 매수할

까도 생각했지만, 안집이 심각하게 커서 접었다. 그러다 발견한 주택이 29평이었다. 공간 구조가 잘 만들어져 있어서 마음에 들었다. 최종 선택할 때 정민이 의견을 최대로 반영했다. 이사를 준비할 때는 집 크기가 작아지는 아쉬움, 환경 변화에 대한 부담감이 보였지만, 몇 개월 만에 그 마음이 사라졌음을 느꼈다. 전원주택 마을단지로 들어와서 주거 환경이 더할 나위 없이 좋아졌기 때문이다. 상쾌한 공기는 물론이고 새소리를 들으며 아침을 맞이했다. 마치 펜션에 놀러 온 느낌이었다. 사계절의 변화를 찐하게 느낄 수 있는 자연환경이 우리 가족 삶의 만족도를 높여 주었다. 주차는 세상 편한데, 차량 소음은 전혀 없다. 산책이 일상이고 확실히 자연과 함께하는 삶이다 보니 여유롭다. 아파트의 편리성을 내려놓으면서 얻게 된 또 다른 선물이었다.

"이렇게 좋은 줄 모르고 이사 안 왔음 어쩔 뻔했는지, 이사 오기 너무 잘한 것 같아요."

며칠 전 정민이가 등굣길에 한 말이다. 33평에서 29평으로 줄이니 공간은 줄었지만, 이곳에서도 미니멀 라이프를 실천하니 공간이 남아돌기 시작했다. 공간이 주는 여유를 그대로 유지할 생각이다. 현재 주거 공간에 가족들 만족도가 꽤 높아 당분간 이동할 생각이 전혀 없기 때문이다. 미니멀 라이프를 실천하면서 주어지는 여유로운 시간과 에너지는 내가 좋아하는 일을 더 할 수 있게 해준다. 여유로운 비용들은 나를 더 자유롭게 살도록 해준다.

우리 가족 휴대폰에는 아직 배달 어플이 없다. 배달 음식을 시켜 먹은 적이 없기 때문이다. 배달 음식 대부분이 치킨, 피자, 중화요리다. 인스턴트 식품을 자제하려고 했기 때문에 배달 세계에 발을 들여놓지 않았다. 지나친 1회용품 사용도 불편했다. 몸의 편리함과 마음의 불편함이 공존하는 배달 음식이었다. 맛집 가서 제대로 먹는 즐거움 또한 배달 음식에 빠지지 않는 이유 중 하나였다.

평소에 집밥을 생활화하고 있다. 요리하는 게 번거로울 수 있지만, 가족 건강을 챙기는 일이라고 생각하니 즐거운 일이 되었다. 요리 시간 자체를 소중하게 여기게 되었다. 좋은 재료를 사고 건강한 음식을 만드는 일이 가끔 귀찮을 수 있다. 그렇지만 몸에 건강을 선물하는 일이기에 고수할 가치가 있다. 평소에 유해 음식을 멀리하고 유익한 음식을 챙김으로써 건강을 챙길 수 있다. 이 노력이 궁극적으로는 더 자유로운 삶을 영위하게 해준다.

여러 가지가 삶을 더 윤택하게 만들어준다. 예를 들어, 건강한 식단! 가족이 함께 요리하는 시간은 맛있는 음식을 같이 만들어 먹는 재미가 크다. 자연과 함께 하는 삶! 신선한 공기, 상쾌한 바람, 따사로운 햇살, 계절마다 다른 옷으로 인사하는 풍경들 모두 공짜지만 큰 행복감을 안겨 준다. 셀프 작업! 스스로 한다는 것은 경험하는 거고, 경험만큼 좋은 자산은 없다. 직접 할 때 마주하는 어려움은 문제 해결력을 길러준다.

미니멀 라이프! 항상 깔끔한 공간을 마주하게 되고, 치우고 정리하는 데 반복적으로 에너지를 쓰지 않아도 된다. 얼마나 편한 일인가!

얼핏 보면 불편해 보이지만, 관점을 바꿔보자.
불편함을 장점으로 보기 시작하면 실천이 어렵지 않다.

아이의 깜찍한 문제 해결력

정민이가 8살 때였다. 다음 날 준비물로 마트 전단지가 필요하다고 했다. 저녁 먹고 엄마가 구해주기로 하고 요리를 계속했다. 정민이가 뭔가 분주하게 움직이는 것 같았지만, 평소처럼 다양한 놀이 중이라 여기고 저녁을 차렸다. 잠시 후 정민이는 전단지 구할 필요가 없어졌다고 말했다. 이유를 궁금해하는 내 손을 잡고 정민이는 현관문 밖으로 나갔다. 아파트 입구에서 나는 박장대소를 했다. 공동 현관문을 들어오면 바로 보이는 곳에 아이 글씨가 적힌 종이 한 장이 떡 하니 붙어 있었다.

안녕하세요. 103동 103호 어린이입니다. 학교 준비물이 마트 전단지 가져오기입니다. 그래서 마트 전단지가 있는 분은 우편함에 넣어주면 감사하겠습니다. 우편함 번호 : 103

어쩜 이런 기발한 생각을 했는지, 평소 쑥스러움이 많은 아이이기에 놀라웠다. 이 집 엄마는 애 준비물 안 챙겨주나! 이런 걸 안내문으로 붙였나 생각할까 싶어 뗄까도 했지만, 혹시나 아이에게 상처가 될까 그런 내색은 안 했다. 사람들 반응이 궁금해 인터폰으로 틈틈이 현장을 지켜보았다. 퇴근 시간대이다 보니 사람 통행이 좀 있었다. 다들 멈춰서 읽고 나서 미소 짓고 가셨다. 어른들이 많이 사는 곳이다 보니 아이 글씨와 행동이 재미있었나 보다. 그래서 정민이에게 한 번 더 칭찬해줬다. 너의 기발한 아이디어가 퇴근길 지친 사람들에게 작은 웃음을 선물해주었다고!

늦은 밤 서재에서 일을 마무리했다. 자려고 안방에 가는데 식탁 위에 편지 한 통이 보였다. 정민이와 약간의 마찰이 있었던 터라 사과 편지라고 예상했다. 그런데 사과 편지 옆에 새로운 편지 한 통이 더 있었다. 초록색 봉투에 별 스티커가 붙어 있었다. 정성이 가득한 편지 내용은 다음과 같았다.

엄마, 저는 에스보드를 가지고 싶어요. 왜냐하면, 저는 3년간 학교에서 에스보드를 연습했기 때문에 잘 타요. 근데 요즘은 에스보드도 학교에서 못 타게 하고 어쩌다 한 번씩 타기 때문에 타고 싶어서 안달이에요. 만약 엄마가 에스보드를 사주신다면 후회하지 않게 해 드릴게요.(사실, 오늘 판 보드랑 킥보드는 큰맘 먹고 팔았답니다.)

간절함이 묻어나는 편지를 받고 안 사줄 수가 없었다. 우리 집 쇼핑 담당인 남편에게 정민이와 상의해서 구매하라고 했다. 3만 원짜리를 찾았다며 킥보드 판 25,000원에 엄마가 5천 원만 지원해주면 된다고 말하는 정민이는 신나 있었다. 결제하려는데, 문제가 생겼다. 해외 직구 제품이었다. 국내 제품으로 알아보니 9만 원 정도 했다. 예상 금액보다 3배가 쎈 가격이었다. 좀 더 알아보면서 고민해보자고 했다.

에스보드 구매 경험이 있는 지인들에게 어디 제품이 좋은지 알아봤다. 그 사이 정민이는 중고 장터를 알아보고 있었다. 본인도 괜찮은 물건을 중고 장터에 팔았으니 에스보드도 있을 것이라며 희망을 버리지 않았다. 노력 끝에 마음에 드는 물건을 찾았다. 연락되자마자 바로 가서 가져왔다. 드디어 에스보드가 우리 집에 오던 날, 엄마는 서울 출장 중이었기에 정민이가 행복해하는 모습을 사진으로 만났다.

다음 날 엄마를 보자마자 정민이는 에스보드를 자랑하기 바빴다. 에스보드가 본인의 손에 들어오기까지의 과정을 설명해줬다. 묻지 않아도 쫑알쫑알 입이 쉬질 않는다. 늦은 오후가 되니 아빠 퇴근을 간절히 기다리는 눈치다. 매번 꼴등으로 식사가 끝나던 정민이가 이날은 1등으로 수저를 내려놓았다. 식사가 끝나자마자 비엔날레 광장으로 날아갔다. 밤새도록 탈 기세였다. '저리도 신날까.' 웃으며 두 사람을 배웅했다.

예상을 깨고 빨리 돌아왔다. 두 사람 표정이 심상치 않았다. 특히 정민이의 표정이 문제의 심각성을 말해주고 있었다. 고작 하루 탔는데, 그 멋진 에스보드가 망가졌다. 상태가 좋아 보였는데, 실상은 이렇다 보니 우리가 속고 구매했나 싶었다. 정민이에게는 대형 사건인데 좀 컸는지 울지 않았다. 대신 어떻게 해결해야 할지 아빠랑 머리를 맞대고 방법을 모색하는 모습이 기특했다. 공구 가게에서 무슨 부품을 사서 어떻게 수리를 할지 부자끼리 진지하게 이야기를 나눴다. 다만, 시간이 늦어서 다음 날 같이 가보기로 했다. 날 새서라도 고치고 싶었겠지만, 안타까운 마음을 간직한 채 잠자리에 들었다. 다음날 아빠가 퇴근하자마자 공구상에 가서 상담을 받았다. 아빠는 낮에 본사와 통화도 해본 후였다. 아이에게 과정을 설명해주고 둘이서 의논한 결과 본사에 AS를 맡기기로 했다.

택배를 보내야 하는데, 생각보다 에스보드가 꽤 길었다. 담을 만한 상자가 마땅치 않았다. 여러 상자를 이용해서 박스를 만들었다. 에스보드를 아끼는 아이의 마음을 알기에 남편은 뽁뽁이를 구해왔다. 정민이는 배송 중에 망가질까 정성스럽게 포장했다. 그 모습이 기특해서 안 쓰는 대형 수건을 내주었다. 그 수건으로 에스보드를 똘똘 쌌다. 안전하게 갈 것 같아 안심된다고 했다. 그러더니 이제는 편지를 쓰기 시작했다. '저는 에스보드를 너무 사랑하는 어린이입니다. 아끼는 물건이니 꼭 고쳐주세요. 이하 생략' 마음을 담은 편지까지 넣어서 다음 날 우체국 문이 열리자마자 택배를 부쳤다.

며칠 후 새 바퀴를 단 에스보드는 다시 정민이 품에 안겼다. 더 멋

져져서 온 에스보드를 보며 얼마나 행복해하던지. 세상을 다 가진 표정이었다. 다음 날부터 정민이는 상상 이상의 행동을 보여줬다. 현관에 있던 슬리퍼는 에스보드 받침대로 역할이 바뀌었다. 더 가관인 것은 에스보드를 타고 논 날은 들어오면 물티슈로 바퀴를 깨끗이 닦았다. 얼마나 정성껏 닦는지 조만간 물티슈가 동날 것 같았다.

한번 타고 고장 났을 때는 '그냥 처음부터 새것으로 사줄 걸 잘못했나.' 생각했다. 택배 보낼 상자가 여의치 않았을 때는 본사로 AS 보내고 받고 하느니 그냥 새것으로 살까? 잠시 고민도 했다. 결과적으로 보면 그렇게 안 하기를 잘한 것 같다. 본인이 원하는 것을 얻기 위해 정성을 담는 정민이의 모습을 지켜보며 감탄했다. 새로운 모습을 보는 즐거움이 있었다. 정민이에게도 좋은 공부였을 것이다. 노력해서 어렵게 얻은 만큼 더 소중하게 느끼는 경험이었을 테니깐.

아이가 원하는 것을 그때, 그때 바로 해결해준 게 좋은 것만은 아니다. 너무 쉽게 얻어지다 보면 물건에 대한 귀함, 감사함이 적을 수 있다. 문제가 생겼을 때마다 부모가 슈퍼맨 역할을 해주는 것도 옳은 것은 아니다. 문제를 해결하는 과정에서 아이가 배우고 경험하는 것도 많기 때문이다.

좋은 결과도 중요하지만,
결과에 도달하는 과정도 소중히 여겼으면 좋겠다.

절대 공짜는 없다

자녀가 용돈을 불로소득처럼 느끼지 않게 하라는 내용을 본 적이 있다. 어떤 조건을 붙이면 좋을까 고민했다. 우선, 식사를 같이 준비하는 의미로 엄마, 아빠가 밥을 차릴 때 식탁에 수저와 젓가락 놓는 역할을 주었다. 본인 방 정리 정돈도 넣고 싶었지만 아직은 어리니깐 장난감 정리 잘하는 정도로 했다. 완벽하게는 아니었지만 양호하게 두 가지 요건이 지켜졌다. 요즘도 밥 차릴 때 수저와 젓가락은 아이가 놓고 있다.

주말 오후 사업장 광고지를 돌리기로 한 날이다. 자연스럽게 정민이도 합류했다. 한 손에 청색 테이프를 들고 다른 한 손에는 광고지를 들었다. 각자 맡을 구역을 나눴다. 님편은 한 블록 떨어진 곳을 남당하고, 아이는 아직 어리니깐 나와 같은 구역을 돌기로 했다. 왼쪽 오른쪽 영역을 맡아서 광고지를 붙였다. 주택이나 빌라 우편함에도 넣고 전봇대에도 야무지게 붙였다. 기대 이상으로 한 몫을 단단히 해 냈다. 잘하는 모습을 칭찬해주니 더 신나서 했다. 목표했던 수량만큼 다 붙이고 나니 식사 시간이 가까워졌다. 나름 새로운 경험을 한 아이에게 보상으로 무엇을 해줄까 물었더니 통닭을 원했다. 아이가 알바비 대신 선택한 통닭으로 저녁을 해결했다. 가족 모두 보람을 느끼는 식사였다.

캠핑이나 여행 준비할 때 빼고, 평소에 장을 볼 때 라면이나 과자를 사본 적이 거의 없다. 아이뿐만 아니라 어른인 우리를 위해서도 절제가 필요했기 때문이다. 좋아하는 메뉴이지만, 자제하기 위한 선택이었다. 정민이가 여행과 캠핑 말고도 과자를 즐기는 경우가 종종 있다. 그건 바로 사업장에서 서비스 심부름을 했을 때이다. 가끔 간식을 돌릴 때가 있는데, 그 역할을 정민이가 담당했다. 쑥스러움이 많은 정민이에게 용기를 내보는 기회를 주고 싶어 권했다. 귀여움에 고객들 반응이 좋았다. 처음에는 어색하고 용기가 필요했지만, 본인을 보고 좋아하는 반응에 나중에는 은근 즐기는 눈치였다. 서비스 후 본인 간식도 꼭 챙겼다. 한몫을 제대로 한 정민이의 정당한 요구였다.

전원주택 단지로 이사를 오고 몇 달 후 푸르름이 가득한 여름을 맞이했다. 아침 일찍 일어나 집 앞에 있는 숲에 갔다. 신선한 공기가 뜻밖의 선물이었다. 코로나로 인해 마스크와 함께한 시간이 2년을 넘어가다 보니 이 공기가 귀하게 느껴졌다. 다음 날에 또 갔다. 오기 잘했다는 생각이 강해졌다. 대문을 열고 5분만 걸어가면 만날 수 있는 공간이어서 매일 갔다. 떠오르는 해를 볼 수 있는 혜택도 누릴 수 있었다. 안개가 자욱한 날은 작품 같은 풍경을 마주할 수 있었다. 여기가 지상 낙원이구나 싶었다. 집 근처에 이런 곳이 있다는 게 축복이라는 생각이 들었다.

비염 때문에 고생하는 정민이도 이 공기를 같이 마셨으면 좋겠지만 강요할 수는 없었다. 대신 숲에서 느낀 것, 본 거를 아침 먹을 때 신나서 전달했다. 그래도 정민이는 아침의 늦잠이 더 좋은 듯했다. 아쉽지만 기다려주기로 했다. 한 달쯤 되던 날 정상에 서 있는데 내려가는 길 쪽에서 반가운 사람이 올라오고 있었다. 정민이였다. 스스로 일찍 일어난 게 신기하기도 했지만, 숲으로 올 생각을 했다는 게 기특했다. 집으로 걸어오면서 폭풍 칭찬을 해줬다. 엄마의 칭찬에 정민이는 으쓱하면서 보상 선물 없냐고 물었다. 뭘 해주면 좋겠냐고 물으니 또 통닭을 이야기한다. 좋다고 대답하려던 순간 머릿속에서 기발한 생각이 떠올랐다.

"그래. 좋아! 그 대신 오늘 온 것은 통닭 반 마리가 선물이야. 즉 한 마리를 먹으려면 한 번 더 와야겠지. 팁을 주자면 우리가 단골로 가는 통닭집은 반 마리 안 파는 거 알지?"

그 주 주말, 우리 가족은 정민이 덕에 맛있는 통닭 파티를 즐겼다.

공모주, 경제 독립, 경제적 자유, 주식, 부동산 이런 용어늘이 정민이에게는 낯설지 않다. 그렇다고 관심을 보이거나 반응이 있는 것은 아니다. 다만, 편한 것이고 좋은 거라고 느끼는 것 같다. 본인이 크면 엄마 차, 지금 사는 집을 자기한테 팔아달라고 한다. 그때는 고물이 될 텐데 무슨 소리인가 싶어 물어봤다. 지금 삶에 만족해서 이대로 유지하며 살고 싶은 마음이 느껴졌다. 그리고 엄마한테 사면 '설마 엄마가 나한테 비싸게 팔겠어?' 하는 심리도 깔린 듯하다.

숲길 산책을 마치고 집으로 돌아오면서 정민이가 재테크 이야기를 꺼냈다. 어른이 되면 종잣돈을 모아 투자도 하고 엄마처럼 자유인으로 살고 싶다고 했다. 오며 가며 들은 게 있었나 싶어 반가웠다. 종잣돈을 모은다는 말에 드디어 돈에 관심을 보이나 싶어 긍정적으로 반응했다. 하지만 그다음 말이 가관이었다.

"그래서 말인데요. 제가 종잣돈 모을 때 엄마가 절반 보태주시면 안 될까요?"

종잣돈은 네가 노동으로 번 돈을 모아서 만드는 것이라고 설명하고 꿈도 꾸지 말라고 했다. 가끔 사회에 기부할 수도 있다고 말하면 본인한테 기부하는 것도 생각해보라고 말하는 아이 덕에 웃곤 한다. 정민이의 경제적 독립을 위해 20살이 되면 독립을 준비해야 한다고 말하곤 한다. 성인이 된 후 같이 살면 적은 돈이라도 월세를 내야 하고, 필요한 것들을 스스로 해결하려고 노력해야 한다고 말한다.

자녀에게 물려준 자산이 독이 될 수도 있고 득이 될 수도 있다. 그 핵심은 부의 그릇에 달렸다고 생각한다. 그래서 얼마를 물려주는 것이 중요한 것이 아니라 자녀가 건강한 경제개념을 갖고 돈을 소중하게 다루는 자세를 길러주는 데 중점을 둬야 한다. 돈이 아무리 많아도 돈의 귀함을 모르면, 지킬 수 없다.

원하는 것을 얻기 위해 노력을 하고
때론 정성을 다하는 자세가 필요하다.

캠핑이냐 차박이냐

자연만큼 아이에게 좋은 놀이터가 없다는 사실을 깨달은 후 우리는 날씨 좋은 휴일만 되면 캠핑 장비를 챙겨 자연으로 갔다. 전문적인 캠핑 장비는 필요하지 않았다. 캠핑 의자, 테이블, 취사도구 그리고 아이스박스 하나면 충분했다. 캠핑을 준비하는 것도, 다녀와서 짐풀고 정리하는 것도 손발이 척척 맞았다. 그러다 보니 가족 모두에게 당일 캠핑은 큰 즐거움 중 하나였다. 저녁 수업이 있는 엄마 때문에 우리 가족 상황에는 당일 캠핑이 딱 좋았다. 비록 저녁에 수업할 때 몸은 살짝 피곤할지라도 자연에서 좋은 시간을 보내고 온 만큼 수업을 더 신나서 할 수 있었다.

공휴일과 주말이 이어져서 1박 2일로 다녀올 기회가 생겼다. 캠핑을 길게 다니는 친구네 가족과 함께했다. 당일치기로 다녔던 우리 가족은 모든 게 서툴렀다. 추가로 준비해야 할 짐이 상당했다. 아이가 앉을 공간을 제외하고는 뒷자리 대부분이 짐으로 채워졌다. 도착해서 짐을 풀고 텐트를 치는 데 오랜 시간 버벅댔다. 텐트 치다 날 샐 뻔했다. 한 번도 안 쓰고 가지고만 있던 텐트라 우리도 사용법을 모르고 도와주는 친구네도 헤맸다. 여러 사람이 낑낑대며 간신히 설치하고 저녁 준비를 했다. 텐트 칠 때만 해도 난감해서 놀러 온 기분이 안 났는데, 불판에 고기를 굽고 음식을 하나, 둘 차리니 캠핑 감성이 살아났다.

자연에서 먹는 음식은 뭐든 꿀맛이다. 고기 쌈은 말이 필요 없는 단골 메뉴다. 행복한 식사 후에 차를 한 잔 들고 안락한 의자에 앉았다. 그 사이 주변은 깜깜해졌고, 이웃 텐트들이 밝히고 있는 전등이 편안한 분위기를 연출했다. 평소 같으면 짐 싸고 철수할 시간인데, 이렇게 여유 부리고 있다는 게 낯설면서도 좋았다. 밤하늘 보며 놀고 있는데, 친구 남편이 분주하게 움직이며 뭔가를 준비했다. 우리에게 없는 장비를 꺼냈다. 불멍을 즐기기 위한 화롯대였다. 장작을 넣고 불을 피웠다. 그곳에 구울 고구마랑 소시지도 준비해두었다. 역시 많이 다녀본 손길이라 달랐다. 이보다 더 맛있는 군고구마가 있을까 싶었다. 평소 안 먹던 소시지인데, 패스하면 나중에 후회할 것 같았다. 노릇노릇 구워진 소시지도 1박 캠핑의 매력을 높여 주었다.

자정 넘어 텐트 안에 들어가 잠을 청했다. 밤이 깊어지니 기온이 급격하게 내려갔다. 옷을 껴입고 이불로 꽁꽁 싸매고 잤다. 감기 걸릴까 봐 정민이도 완전 무장을 해줬다. 스르르 잠든 것 같았는데, 이번에는 갑자기 너무 더웠다. 다시 일어나서 껴입은 옷을 벗기 바빴고, 땀 흘리는 아이도 시원하게 해주었다. 상황이 진정되고 나니 이 건 잠을 잔 건지, 만 건지 비몽사몽 했다. 아직 6시 전이라 잠을 더 청해보려고 하는데, 다른 텐트 아이들이 하나, 둘 뛰어나와 놀기 시작했다. 시끄러워서 도저히 잠을 잘 수가 없어 그냥 텐트 밖으로 나왔다. 캠핑 의자에 편하게 앉아 시원한 바람을 느끼며 눈을 감고 있었다. 처음이자 마지막으로 경험한 1박 캠핑이었다. 숙박하려면 최소한 2박 이상은 해야 할 것 같았다. 숙박하고 안 하고에 따라 짐 차이가 엄청나고, 그에 따른 수고도 만만치 않기 때문이다.

코로나로 인해 아지트 캠핑과 모든 여행이 멈췄다. 코로나가 생각보다 길어지면서 여행에 대한 갈망이 커졌는데, 그때 만난 것이 차박이었다. 사람과 접촉을 최소화하기 위해, 최대한 사람이 없는 곳을 찾아가자는 것이 출발점이었다. 차에서 숙박이 해결되기 때문에, 어디나 갈 수 있다는 것이 장점이었다. 남편과 아이가 너무 원하기도 하고, 나 역시도 여행에 목말라 있기도 해서 시도해보기로 했다.

차박으로 유명한 곳 몇 군데 알아보고 가까운 곳부터 한 곳씩 다니기 시작했다. 뭔가 더 가벼워진 느낌이었다. 장소에 도착해서 트렁크에 실린 장비와 짐을 내리고 의자를 뒤로 접히면 침대가 만들어졌다. 그 위에 매트를 깔고 침낭이나 이불까지 펴면 잠자리 완성이었다. 조명 하나 살짝 걸어주었더니 분위기까지 갖춰졌다. 낮에는 트렁크 문이 미니 타프 역할을 해주기 때문에 뭔가 실용적인 느낌이었다. 우리 가족은 서서히 차박의 매력에 빠져들면서 특별한 일이 없는 날 금요일 저녁에 무조건 떠났다. 도착해서 불멍을 시작으로 차박을 즐기기 시작했다. 남편과 아이는 만족도가 꽤 컸지만 나는 잠자리의 불편함이 유일한 아쉬움이었다. 하지만, 장점이 더 많았기에 주변 가족들에게 차박을 추천했다.

첫 번째는 장소 선택이 자유롭다는 점이다. 인근에 화장실이 있고 주차할 수 있는 공간이면 어디서든 가능했다. 숙박 시설 이용을 안 하니 체크인, 체크아웃이 자유다. 언제든 떠날 수 있고 언제든 정착할 수 있다는 자유가 차박의 좋은 점이다.

두 번째는 자연 접근성이다. 우리가 아무리 좋은 호텔에 묵어도 바닷바람을 쐬려면 밖으로 나가야 한다. 최소한 호텔 베란다까지라도 걸어가야 한다. 하지만 차박은 내가 누운 곳에서 가능하다. 트렁크 문을 열면 바다가 바로 보이고, 즉시 바닷바람이 차 안으로 들어온다. 파도 소리의 생생함은 당연히 최고다. 가끔은 누운 상태로 선루프 열고 밤하늘 구경하는 재미도 쏠쏠하다. 자연을 최대한 가까이에서 현장감 있게 즐길 수 있다는 점이 차박의 매력이다.

세 번째는 저절로 느껴지는 감사함이다. 부안으로 차박을 떠났을 때 일이다. 키를 안에 놔둔 상태에서 문이 잠겨 늦은 밤에 긴급 출동 서비스를 불렀다. 긴급 상황을 수습하고 늦게 잤다. 새벽인데도 날씨가 더워서 숙면이 어려웠다. 에어컨을 틀어도 그때만 시원했다. 끄면 얼마 지나지 않아 다시 잠에서 깼다. 더위 때문에 잠결에 문을 열었다가 경보기가 울려서 화들짝 놀라 잠 깨고, 창문을 열었더니 불청객 모기가 들어와서 잠을 잘 수 없었다. 남편이 그냥 철수하자고 했다. 움직이는 차에서 잠이 들었는데 얼마나 잤을까… 이번에도 더워서 깼다. 깨서 보니 아파트 주차장이었다. 세상에… 집에 도착했으면 깨워줘야지 주차만 해놓고 남편은 일을 보러 갔다. 어이가 없었다. 주차장에 주차된 차 안에서 땀 뻘뻘 흘리며 자고 있던 내 모습이 우습기도 해서 후다닥 내려 집으로 들어갔다. 안방으로 바로 들어가 침대에 누웠다. 그렇게 포근하고 아늑할 수가 없다. '와! 우리 집 안방이 지상 낙원이구나'는 말이 절로 나왔다. 혹시 집 작다고 투정하는 아이들 있으면 차박을 경험하게 하면 된다며 이 해프닝을 종종 들려주곤 했다.

소중한 체험, 홈비지트

블로그를 통해 미국에서 온 대학생이 2주 정도 친구 집에 머문다는 소식을 접했다. 호기심에 자세히 읽어보았다. 신청하는 단체에 대한 소개, 본인 가족이 신청하게 된 배경, 선정하는 과정과 결과, 앞으로의 진행 상황 등에 대해 안내되어 있었다. 나중에 정민이가 좀 더 크면 우리도 한 번 경험 해보고 싶은 마음이 들었다. 나중에라도 하려면 소식을 접하고 있어야겠다는 생각에 운영 사이트에 가입해두었다.

신청 안내 문자가 왔다. '한 번 도전해봐야지'라는 생각이 들었다가도 호스트 자격에 가족 중 1인 이상 외국어 의사소통 가능한 가정이라는 규정 때문에 늘 망설였다. 몇 번을 그냥 흘려보내다 더 이상 미루면 안 되겠다 싶어 담당자에게 연락했다. 언어의 어려움, 가족 상황 등에 대해 말하고 가능한지 물어보았다. 얼마든지 가능하다며 진행 과정에 대해 친절하게 안내해 주었다. 여러 가정의 사례를 전해주며 용기를 주었다.

　통화 내용을 바탕으로 신청하는 것에 대해 남편과 상의했다. 에이비앤비도 긍정적으로 생각하는 나와 달리 남편은 모르는 사람이 우리 집에 와서 자는 것을 부담스러워했다. 더군다나 언어가 안 통하는 외국인에 대해서는 더욱 그랬다. 지인의 사례를 보면서 아이에게는 좋은 경험이 될 것 같다는 것을 알기에 대놓고 반대하지는 못했다. 그래서 찾은 절충안이 홈비지트였다. 며칠을 묶으며 같이 생활하는 홈스테이는 어렵지만, 한나절 정도 함께하는 홈비지트는 얼마든지 좋다고 했다.

　신청할 기회가 왔을 때 우리는 외국인 학생 2명을 신청했다. 둘이 오면 분위기가 더 좋을 것 같았다. 처음 인연이 된 외국인은 도미니카와 중국에서 온 학생들이었다. 센터에서 사전에 학생에 대한 간단한 소개와 그 나라 문화에 대해서도 간략히 안내해줬다. 한국 가정의 문화 체험을 원하는 학생들이니깐 점심으로 삼겹살 파티를 준비했다. 박물관과 사진찍기를 좋아한다고 하니 집 근처에 있는 시립미술관과 박물관을 구경시켜 주기로 했다. 어떤 학생들을 만날지 기대하며 그 나라 인사말을 알아보고, 이름만 들어봤던 도미니카라는 나라에 대한 정보도 찾아보았다. 손님 맞이할 핑계로 대청소도 가족이 같이했다. 홈비지트를 준비하는 과정 자체가 즐거웠다.

　드디어 만나기로 한 날, 시간에 맞춰 전남대로 갔다. 우리 집과 인연이 된 두 친구를 태우고 집으로 왔다. 어느 정도 준비를 해놓고 간

터라 점심을 바로 차렸다. 상을 차리는 동안 남편은 삼겹살을 노릇노릇하게 구웠다. 직접 집에서 만든 밑반찬과 고기쌈으로 든든하게 점심을 먹고 비엔날레 광장으로 이동했다. 라디오에서 한국 가요가 흘러나오자 뒷자리에 있는 두 사람이 자연스럽게 따라 불렀다. 놀라서 뒤를 돌아보며 서로가 웃었다. K-POP 인기를 실감했다. 웬만한 노래는 다 알고 있었다. 중국에서 왔다는 친구는 노래 부르는 모습만 봐서는 영락없이 한국 사람 같았다.

박물관과 미술관을 돌아보기로 했다. 우리에겐 친숙한 곳이지만 외국인 친구들은 신기해하며 진지하게 관람했다. 분위기를 맞춰주기 위해 처음 온 것처럼 감탄하면서 함께 구경했다. 무더운 날씨를 피해 카페로 들어가 팥빙수를 시켰다. 두 번째 먹어본다는 팥빙수 반응이 뜨거웠다. 한참 집중해서 먹더니 신나는 음악이 나오자 두 외국인 친구는 상체를 흔들기 시작했다. 앉아서 손동작만 하는 거지만, 노래뿐만 아니라 댄스까지 정확히 기억하고 있었다. 한국 노래와 춤을 웬만한 한국인보다 더 잘해서 신기했다. 이쯤 되니 정민이도 어색함이 풀린 듯 궁금한 것을 적극적으로 물어보기 시작했다. 간단한 언어와 바디랭귀지로 의사소통을 하다 정 안 될 때는 파파고 어플의 도움을 받아 대화를 이어갔다. 조금 답답해서 그렇지 눈치코치까지 동원하면 어떻게든 대화는 되었다. 한나절을 꽉 채워 놀아주고 두 친구를 기숙사에 데려다 주었다. 돌아오는 길 남편과 아이의 표정을 보니 여전히 즐거움이 남아 있었다. 다음에 또 할까 물어봤더니 당연한 질문을 왜 하나는 뉘앙스다. 대만족한 가족들의 소감을 보고서에 담아 담당자에게 제출했다. 첫 번째 행사를 잘 끝내고 나니 기화만 된다면 더 많이 누리고 싶어졌다.

두 번째는 한복체험과 홈비지트가 연결된 프로그램이었다. 아이에게도 좋은 경험이 될 것 같아 바로 신청했다. 이번에는 멕시코와 도미니카에서 온 두 학생이 주인공이었다. 당일 센터에서 만나 인사를 나누고 행사에 함께 참여했다. 센터에서 점심을 먹고 단체로 향교로 이동했다. 외국인들을 위해 한복체험과 전통문화를 경험할 수 있는 프로그램이 준비되어 있었다. 우리 가족도 각자 한복으로 갈아입고 같이 참여했다. 사극에서 봤던 다양한 한복들을 소개하고 관련 설명까지 자세히 해주셨다. 체험 과정이 끝난 후 사진 찍을 수 있도록 자유 시간이 주어졌는데, 외국인 형 누나들이 정민이와 함께 사진 찍자고 해서 한동안 무대에서 내려오지 못했다. 부끄러워하면서도 그 인기가 싫지 않은 눈치였다.

한복체험 행사 후 홈비지트 행사가 이어졌다. 우리 가족은 두 친구를 태우고 국립박물관으로 이동했다. 이곳에는 공연도 열리고 체험할 것들이 많아서 외국인 친구들이 꽤 만족해했다. 어릴 때부터 수시로 들락거렸던 곳이라 정민이는 누나들의 가이드 역할을 톡톡히 했다. 투어를 마치고 저녁 식사를 위해 집으로 들어서는데 정민이가 붙여놓은 'Welcom to my home' 메시지가 우리 모두를 환영하는 것 같았다. 저녁을 준비하는 동안 정민이는 누나들에게 피아노를 가르처 주기도 하고, 한참 유행인 팽이 놀이도 알려주고 함께 배틀을 즐겼다. 한 번 해봤다고 홈비지트 행사에서 한 몫 단단히 하는 정민이를 보니 기특했다.

그 이후로도 전통 행사와 홈비지트가 연결된 프로그램들이 계속 있었다. 회가 거듭할수록 프로그램 질도 높아졌다. 이 좋은 프로그램을 더 많은 가정이 체험했으면 하는 마음이 절로 생겼다. 좋은 것은 알려야 한다는 사명감으로 블로그에 포스팅하고 지인들에게 적극 추천했다. 비록 지금은 코로나로 인해 몇 년째 중단된 상태지만, 언젠가 예전의 상황으로 돌아가 외국인들과 문화 교류가 활발해지고 다시 이런 프로그램들이 준비된다면 꼭 신청해보길 권한다.

부모인 우리에게도 재미있는 경험이지만.
무엇보다 세상을 배워가는 아이들에게는
돈으로 살 수 없는 소중한 체험의 시간이 될 것이다.

우리 가족만의 템플스테이

대학원에 다닐 때였다. 하루는 신문을 보는데 시선을 끄는 단어가 있었다. 바로 템플스테이였다. 불교 신자이신 친정엄마 덕분에 절은 친숙한 곳이었다. 바로 체험해보고 싶었다. 기사에 언급된 송광사를 먼저 알아보았다. 안타깝게도 송광사 템플스테이는 마감된 상태였다. 몇백 명을 모집하는데 마감되었다는 게 믿기지 않았다. 템플스테이의 인기가 실감났다. 마음먹었을 때 하고 싶어 다른 곳들도 알아보았다. 그때 만난 절이 내소사였다.

사실 송광사가 마감이 안 되었더라도 고민이 되었을 것 같다. 송광사 템플스테이는 프로그램이 빡빡했다. 이 힘든 과정을 수백 명이 발 빠르게 신청했다는 게 놀랍기도 했지만, 불교 신자가 아닌 나에게는 좀 벅찰 수도 있겠다는 생각이 들었다. 처음 만나는 내소사는 낯설지만 여유로운 프로그램이 끌렸다. 당시 나는 심적으로 어려운 시기를 보내고 있었기에 무상무념으로 지낼 시간이 필요했다. 2박 3일 프로그램 시간에 명상과 참선이 많이 들어 있어서 신청하는데 부담이 덜했다. 처음 경험하는 만큼 호기심 반 걱정 반이었지만, 결과는 대만족이었다. 프로그램도 심신이 지쳐 있는 나에게 딱 맞는 강도였고, 매 끼니 나오는 식사도 훌륭했다. 건강식인데 맛도 있었다. 함께 하는 분들도 괜찮아서 2박 3일 내내 분위기가 좋았다. 참여하신 분들의 연령층, 참여 동기도 다양했다. 특히, 가족 또는 부부가 참여하신 분들을 보며 나중에 나도 가정을 꾸리고 나면 함께 참여해보고 싶은 바람이 생겼다.

정민이가 초등학교 2학년이 되었을 때 기회가 왔다. 친숙한 내소사를 먼저 알아봤는데, 프로그램이 많이 바뀌어 있었다. 좀 더 다양해지긴 했지만, 아이와 함께 참여할 만한 프로그램은 없었다. 다른 곳으로 열심히 찾아본 결과 시선을 끄는 절이 있었다. 처음 들어보는 절이긴 했는데, 집에서 가깝기도 하고 무엇보다 아이와 함께하기에 부담이 없어 보였다. 신청 가능하다고 해서 가족 휴가 날짜에 맞춰서 접수했다.

내비를 찍고 찾아간 쌍봉사. 처음 들어봐서 작은 절인 줄 알았는데 생각보다 꽤 컸다. 편안하게 맞이해주는 풍경에 1박 2일의 쉼이 기대되었다. 막상 도착해서 보니 신청한 팀이 우리 가족밖에 없었다. 예전에 내가 느꼈던 템플스테이의 매력을 가족들은 덜 경험하겠구나 싶어 살짝 아쉬웠다. 하지만, 그건 기우에 불과했다. 오히려 반대였다. 우리 가족에게 맞춰 진행되다 보니 아이가 어린 우리에게는 더할 나위 없이 좋았다. 템플스테이가 아니라 공기 좋은 대형 별장에 우리 가족만 여행 온 느낌이었다.

절에서 나눠준 옷으로 갈아입고 편하게 누워서 정민이가 뜰에서 노는 모습을 바라봤다. 정민이는 무더운 날씨도 아랑곳하지 않고 호기심 충족하러 여기저기 활보하고 다녔다. 메뚜기도 잡고 올챙이도 구경하고 돌탑도 여러 개를 쌓았다. 볕이 뜨거우니 안으로 들어오라고 해도 집중해서 놀았다.

4시로 예정된 단청(채색) 체험하러 이동했다. 안에 들어서니 주관하는 분이 시원한 수제 자몽차를 주셨다. 귀한 차 한 잔에도 감동이 밀려와 절로 감사 인사가 나왔다. 남편, 나, 아이 세 사람 모두 진지하게 단청을 색칠했다. 남편도 나도 초집중하는 모습이 수업태도 좋은 학생 같았다. 잘했다는 칭찬을 받으며 만든 단청을 들고나왔다. 다섯 시 반 저녁 공양을 먹기 전까지 숙소에서 휴식을 취하기로 했다. 마루에 걸터앉아 풍경에 취해 있다가 손에 든 책을 보다가, 정민이와 돌탑을 같이 만들기도 했다.

절 밥은 언제 먹어도 맛있다. 넉넉히 담는 나와 달리 정민이는 음식을 조심스럽게 조금씩 담았다. 평소답지 않은 행동에 물어보니 기특한 대답을 한다.

"절에서는 음식 남기면 안 된다면서요? 그래서 제가 먹을 수 있는 만큼만 담으려고요."

저녁 공양을 마치고 나니 해가 서서히 저물어갔다. 이번에는 숙소에 들어가지 않고 본격적으로 사찰 순례를 했다. 걷기에 참 좋은 시간과 장소였다. 산책하다 물고기가 사는 연못을 만났다. 헤엄치는 물고기를 구경하느라 신났다. 그것만으로 반가운 일인데, 옆에 물고기 밥도 준비되어 있다. 정민이는 밥을 주고 물고기들을 구경하면서 까르르 웃기 바빴다.

일곱 시. 저녁 예불 시간이 되었다. 스님과 함께 타종하는 시간이다. 남편이 종을 치고 가족 모두 한 바퀴 돌며 소원을 빌고, 엄마도 치고 또 한 바퀴 돌고, 아이도 치고 한 바퀴 돌고… 반복했다. 스님이 저녁 타종의 의미와 횟수도 자세히 설명해 주셨다. 맨 마지막에는 종소리를 듣고 울림과 진동을 느낄 시간도 주셨다. 처음 경험하는 남편과 아이는 마냥 신기해했다.

법당으로 들어와 저녁 예불을 준비했다. 촛불을 우리에게 켜보라고 하니 정민이가 신났다. 원래 스님만 하는 일인데, 참여자가 우리 가족뿐이니 체험해 볼 수 있게 해주셨다. 기본적인 예불 절차를 마치고 드디어 108배를 해야 할 시간이 되었다. 예전에 많이 경험해 봤고, 한때는 운동 삼아 매일 했던 적도 있던 터라 걱정은 안 되었다. 그런데 단순 108배 체험이 아니었다. 일정표를 다시 보니 〔1배 1알 내가 만든 108 염주(참회, 감사, 발원, 독송) 만들기〕 체험이었다. 발원문 하나 독송하고 한 알 끼우기를 108번 반복하는 것이었다. 그냥 108배 하는 것보다 힘들고 시간도 훨씬 더 걸렸다. 그렇지만 108배

의미를 알면서 하는 것이기에 가치는 더 있었다. 우리 부부만 하려 했는데, 정민이가 자연스럽게 동참했다. 진짜로 108배와 염주 만들기 체험을 끝까지 진지하게 해냈다. 스님도 감탄하며 폭풍 칭찬을 해주셨다.

다음 날 새벽 4시 예불이 일과 시작이니깐 첫날 취침이 9시 예정이었다. 우리 가족만 있으니 예불 참석 여부는 선택이었는데, 아이도 남편도 원해서 모두 참여하기로 했다. 그럼 일찍 잠자리에 들어야 하는데, 방해꾼을 만났다.

법당에서 숙소로 걸어오다 올려다본 밤하늘의 화려함에 반해버렸다. 까만 하늘을 수놓은 별의 유혹을 뿌리치지 못하고 마루에 앉아 별구경을 실컷 했다. 깜깜한 산속답게 도심에서는 볼 수 없는 밤하늘의 매력에 흠뻑 빠진 시간이었다.

마음을 다하는 템플스테이

새벽 4시 기상. 평소 같으면 불가능한 기상 시간이다. 잠들기 전 남편이 폰으로 알람을 맞추려 했다. 템플스테이 왔는데 기계음으로 눈뜨고 싶지 않아 말렸다. 대신 고요함 속에서 들여오는 목탁 소리에 깰 수 있으니 걱정 말고 자라고 했다. 과거에 나도 새벽 기상을 걱정했는데, 목탁 소리에 저절로 눈이 떠졌다. 맑은 소리에 기분 좋게 잠에서 깬 경험이 있기에 자신 있게 말했다.

남편과 둘이서 조용히 다녀오려고 했는데, 정민이도 목탁 소리에 잠이 깨서 따라나섰다. 분명 어제 늦게 잠들었는데, 어떻게 일어날 수 있는지 신기했다. 새벽 예불 이후 우리는 바로 숙소로 가서 쉬려는데, 정민이는 다시 별자리 탐색에 나섰다. 지칠지 모르는 에너지다. 고요함과 함께하는 새벽 걷기를 즐기다 6시 40분에 아침 공양을 먹으러 갔다. 평소 아침은 간단하게 먹는 편인데, 이날은 식사다운

밥을 먹었다. 아침밥도 꿀맛이었다. 식사 후 숙소 주변을 산책했다. 신선한 공기가 걷는 기쁨을 더해줬다. 정민이는 같이 걷다가 다시 돌탑 쌓기 삼매경에 빠졌다.

어제 안내 센터에 입소 등록할 때만 해도 날씨가 너무 덥기도 하고, 우리 가족밖에 없어 트래킹 프로그램은 어렵다고 하셨다. 그런데 아침 공양 때 뵜던 스님 한 분이 트래킹 체험을 가능하게 해주셨다. 뜻밖의 행운을 잡은 듯 신났다. 보살님이 얼음물과 스틱 대용으로 쓸 수 있는 나무를 준비해주셨다. 모자를 안 챙겨온 나를 보고 가족 모두의 밀짚모자를 챙겨주셨다. 세심한 배려에 출발 전부터 감동이었다.

자연이 주는 행복한 풍경을 눈에 담으며 한적한 시골길을 걸었다. 초록을 눈에 담으며 걷는 자체로 힐링이 되었다. 이 좋은 것을 가족과 함께 누리니 만족도가 최고였다. 유일하게 불편한 것이 있다면 어제 108배 했다는 자랑스러운 징표였다. 허벅지와 종아리 근육통이 종일 함께했다. 원래 내려오는 길이 더 수월한 법인데 다리 근육통 때문에 두 배로 불편했다. 기분 좋은 불편함이다. 내려오는 길은 정민이와 스님이 짝꿍이 되었다. 처음 보는 사람에게 쑥스러움이 많은 녀석인데, 빨리 친해진 듯하다. 호기심 많은 정민이의 질문들에 스님이 친절하게 그리고 척척 대답해주신 것이 비결인 것 같다. 가뜩이나 자연에 관심이 많은데, 새로운 것들도 알려주시니 스님을 바라보는 눈빛이 초롱초롱했다.

트래킹 후 샤워하고 쉬는 우리와 달리 정민이는 또 돌탑을 쌓으며 땡볕에 쭈그리고 앉아 있었다. 시원한데 들어와 쉬라는 엄마의 말에 돌탑도 쌓아야 하고, 주변도 꾸며줘야 하고 사슴벌레도 찾아봐야 한다며 바쁘다고 했다. 다음 일정까지 밖에서 풀로 놀았다. 분명 정민이도 새벽 4시에 일어났는데, 도대체 지치지 않는 저 에너지는 어디서 나오는 건지. 진짜로 아이들은 무한 에너자이저이다.

10시 30분에 예정되어 있던 스님과의 차담 시간. 사찰 경험이 전혀 없는 남편, 친정엄마 덕에 결혼 전에 사찰 경험이 풍부한 나, 난생 처음 절에서 1박 2일 생활해보는 아이. 셋이서 스님과 무슨 대화를 하지? 부담감 반, 호기심 반으로 다도 상 앞에 앉았다.

당신이 오심은 우연이지만, 마음은 나눔은 영원입니다.

살짝 우려했던 것과는 달리 참으로 유익한 시간이었다. 삶에 도움되는 말씀도 많이 해주시고, 마음에 담아두고 싶은 귀한 말씀도 나눠주셨다. 남편은 이 시간에 많은 깨우침을 얻은 듯했다. 정민이에게 이번 템플스테이에 대한 소감도 물어보시고, 너무 기특하게 잘했다며 특별 선물도 주셨다. 정민이는 칭찬에 특별 선물까지 받으니 기분이 하늘을 날아갈 것 같다고 말했다. 참여자가 우리 가족밖에 없으니 점심 공양 후 바로 퇴실하지 않아도 된다고 배려해주셨다. 덕분에 어제처럼 신선놀음하면서 휴식을 취했다. 이때도 정민이는 땡볕 아래서 뛰어놀았다. 우리가 오후 휴식에 취해 있을 때, 놀 만큼 놀았는지 드디어 가자고 했다.

스님도 보살님도 우리 가족에게 휴식이 필요할 때는 언제든 와서 쉬었다 가라고 하셨다. 언제든 지나가는 길에 들러 공양하라며 따뜻한 마음을 나눠주셨다. 쌍봉사를 벗어나는 길, 운전하는 남편 표정이 어느 때보다 평온했다. 이 좋은 걸 알려줘서 고맙다는 인사를 여러번 했다. 그러면서 다음 템플스테이에 또 참여하자고 했다. 만족도가 제일 높은 정민이도 찬성했다. 15년 전 내소사에서 했던 템플스테이 기억이 너무 좋았던 터라 낯선 곳에 대한 큰 기대는 없었는데, 결과적으로는 쌍봉사 템플스테이가 더 많은 추억을 만들어주었다.

쌍봉사 템플스테이를 다녀온 이후 주변에 추천을 많이 했다. 종교를 떠나 한 번쯤은 꼭 경험해 보면 좋은 프로그램이다. 바쁜 도심을 벗어나 한적하고 고요한 산속에서 1박 2일 잠시 쉬어가는 시간이 재충전하기 딱 좋다. 좋은 공기로 몸의 기운을 정화하고 푸르름으로 눈을 편하게 해줄 수 있는 환경은 보너스다.

자연은 아이들에게 최고의 놀이터이기에
해맑은 웃음이 절로 나온다.
낯선 환경에서 자녀의 새로운 모습을
발견하는 즐거움도 누릴 수 있다.
이 글을 쓰는 동안 다시 가고 싶은 마음이 간실해진다.

더불어 사는 삶의 기쁨

《질문이 있는 식탁 유대인 교육의 비밀》 저자인 심정섭 선생님 책을 읽고 강의를 들었다. 건강한 가정 만들기에 도움이 되는 내용이 많았다. 그대로 복제는 못하더라도 안식일 식탁은 가족과 함께 실천해보고 싶었다. 일주일 한 번 안식일 식탁 실천 시간을 정해놓고, 어린아이한테 맞춰 각색했다. 작은 파티를 준비하고 식사 기도를 같이 했다. 일주일 동안 감사했던 이야기 나눔을 중점으로 했다. 가끔 정민이 눈높이에 맞는 주제에 대해 생각 나눔도 해보았다. 마지막에는 각자 준비한 동전을 안식일 저금통에 넣었다. 안식일 저금통에 모인 돈이 나중에 어떻게 쓰이는지 잘 아는 정민이는 저금통 배 불리는 데 열심이었다. 누군가를 돕는다는 것이 기분 좋은 일임을 자연스럽게 느끼는 것 같았다.

정민이에게 좋은 경험이 될 것 같아 신청한 것이 외국인 홈비지트였다. 보통 오전은 센터에서 주관한 전통 놀이에 함께 참여했다. 한복을 입고 전통 예절을 배우기도 하고, 떡 만드는 곳을 방문해서 인절미를 직접 만들어보기도 했다. 한국 요리 체험을 원하는 친구들에게는 전을 부쳐볼 수 있도록 준비해줬다. 처음에는 쑥스러워하던 정민이도 홈비지트 횟수가 늘어갈수록 서비스 정신이 투철해졌다. 피아노 공연도 보여주고 팽이, 윷놀이와 같은 놀이도 미리 준비해놓기도 했다. 그동안 대만, 도미니카, 멕시코, 이란, 요르단 누나들과 인연이 되었다. 외국 손님을 초대할 때마다 그 나라의 문화, 예의, 관습, 주의할 점에 대해 알아보곤 했다. 다름과 조화를 배우기에 멋진 기회였다.

독서 모임이 있는 날이었다. 2020년 한 해를 돌아보고 2021년 새해 계획을 발표하는 자리로 준비했다. 회원 중 한 명이 발표할 때 기부라는 단어를 언급했다. 계획표 자체에 나눔, 봉사 영역이 있어서 각자만의 스타일로 실천은 하고 있었지만, 구체적으로 언급된 것은 처음이었다. 그때 떠오른 아이디어가 커피값 기부였다. 늘 즐겨 마시는 커피, 한 달에 한 잔 안 마시고 기부하기로 전원이 동참했다. 한 달에 한 번이고 적은 금액이지만, 여럿이 1년을 모으다 보면 적지 않은 돈이 될 것 같았다. 모임 통장이 만들어지고 기부금이 차곡차곡 쌓여갔다. 이 돈으로 쌀을 사서 필요한 사람들에게 나눠줄 계획이었다.

기부통장을 알게 된 모임 회원 자녀들도 자발적으로 동참을 했다. 용돈의 일부 혹은 당근마켓에 중고 물건을 팔고 받은 수익 일부를 기부하기도 했다. 기부통장에 아이들 이름이 찍힌 것을 볼 때마다 어찌나 기특하던지.

연말이 되었다. 기부금을 어떻게 사용할까 고민했다. 처음에 쌀을 이웃들에게 나눌 생각으로 시작한 일이었지만, 아이들도 기부에 동참하다 보니 좀 더 의미 있는 일을 생각해보게 되었다. 적극적으로 동참해준 아이들에게 보람을 느끼게 해주고 싶었다. 기부는 좋은 거고 앞으로도 계속하면 좋겠다는 느낌을 선물하고 싶었다. 그래서 나온 아이디어가 연탄 봉사였다. 연탄이 뭔지 모르는 아이들도 많으니 좋은 경험이 될 것 같았다.

새벽에 일어나 연탄을 갈았던 기억, 연탄불이 꺼지면 혼나니까 꺼지지 않게 애썼던 기억, 번개탄을 이용해 불씨를 살렸던 기억은 있는데, 정작 연탄 배달을 해본 적은 없었다. 처음 해보는 거여서 물어볼 곳도 없고, 어떻게 진행해야 할지 난감했다. 인터넷에 연탄 봉사에 대해 알아보는데 코로나 시국이다 보니 과거 기록들이 대부분이었다. 그만큼 우리도 철저하게 준비하고 조심스럽게 진행해야겠다는 생각이 들었다.

막막했지만 처음부터 잘하는 사람이 어디겠나 싶어 이 또한 경험이라는 생각으로 하나씩 기획을 했다. 참가자 수, 기부금액, 주문할 연탄 숫자, 주문할 곳, 연탄 기부받을 곳, 당일 준비물 등 챙길 것이 한두 개가 아니었다. 회원들의 손길로 포스터와 플래카드도 제작되었다. 제작된 포스터로 연탄 봉사 행사를 알리고 기부금액을 더 모았다. 기대 이상으로 많은 사람이 동참해줘서 따뜻한 마음으로 준비할 수 있었다.

크리스마스 다음 날로 일정을 잡았는데, 하필 그날 날씨가 영하 10도였다. 전날 눈발이 날리길래 밤새 걱정했는데, 다행히도 당일 눈은 없었다. 어른들이 하면 30분 정도 소용될 연탄 배달이지만, 유치원생부터 초등 고학년 아이들까지 함께해서 2시간 조금 넘게 걸렸다. 날씨가 추웠던 것만 빼고 나머지는 모두 최고였다. 어리고 크고를 떠나 아이들이 기대 이상으로 잘했다. 기특한 모습에 행사를 준비한 부모들 만족도도 높았다. 다 끝나고 아이들을 위한 선물을 나눠주면서 소감을 한마디씩 들어보았다. 추운 날씨에 걱정이 앞섰던 어른들과 달리 아이들은 보람되고 뿌듯한 시간이었단다. 내년에도 또 참여하길 원했다. 처음이다 보니 신경도 많이 쓰고 긴장하며 준비했는데, 모두가 만족해하며 잘 마무리돼서 다행이었다. 이날 활동이 아이들 기억 속에 나눔과 함께 하는 인생의 신호탄이길 바란다.

자녀들에게 돈 쓰는 법을 가르칠 때 기부 항목도 들어가도록 안내하면 좋을 것 같다. 나 혼자 잘 먹고 잘살기 위함이 아닌 타인과 더불어 잘 살기 위해 돈을 버는 것임을 알려주자. 누군가를 도울 수 있다는 마음만으로도 우리의 삶은 더 풍요로울 수 있기 때문이다. 꼭 돈이 아니더라도 타인을 도울 수 있는 일은 많다. 우리 가족이 경험했던 홈스테이도 한 예이다. 외국인 친구를 위해 맛있는 음식을 준비하고 우리 문화를 알리는 경험이 가족 모두에게 배움의 시간이 되었다.

부디 우리 아이들이 넓은 포용력으로

더불어 사는 삶을 다양하게 경험하며 자라길 바란다.

chapter 5

인생 성적 올리는 진짜 공부

'공부하는 부모만이 내 가정을 건강하게 지킬 수 있다.' 생각으로 유대인 교육전문가인 심정섭 선생님과 교육 독립 & 경제 독립 모임에 10주 동안 격주로 참여했다. 교육 독립과 경제 독립에 도움되는 도서를 미리 읽고 간단한 서평과 질문지를 작성했다. 그 질문지를 가지고 파트너와 하브루타 토론으로 생각 교류를 했다. 책 읽고 토론하고 생각을 정리하는 과정을 통해 부모들이 교육 독립, 경제 독립을 할 수 있는 틀을 잡아주었다. 많은 부모가 경험하면 좋을 것 같아 내가 사는 지역에서도 교육 독립 & 경제 독립 모임을 진행했다.

첫 모임 날, 어떤 분들이 참여했을지 진행하는 나도, 참여하는 학부모도 즐거운 긴장감을 가지고 만났다. 1회 때는 첫 만남인 만큼 자기소개와 함께 시작했다. 바라는 것에 대한 기대감에 설렘 가득한 표정들이다. 각자가 원하는 바가 있어 시작한 만큼 과제를 하는 자세

또한 의욕이 넘쳤다. 과제 및 토론을 적극적으로 하며 성장하는 분들의 변화가 눈에 띄었다. 주변 환경이 안 도와줘도 꿋꿋이 해내는 분들도 기특했다. 중간에 한두 번 빠지거나 숙제를 게을리하는 분도 간혹 있었는데 확실히 완주가 힘겨웠다. 마음이 딴 데 있으니 변화를 기대하기 어려웠다. 분명한 사실은 완주한 분들 표정이 180% 바뀌었다는 점이다.

　마지막 시간 소감 발표를 했다. 교육 독립 & 경제 독립 모임의 하이라이트 시간이다. 아이 교육에 대한 정보를 얻을 생각으로 왔는데 본인의 삶에 대해 성찰하는 시간이었다. 앞으로 어떻게 살아가야 할지 진지하게 고민해보는 계기가 되었다. 사실 경제라는 단어에 더 꽂혀서 왔는데 몸과 마음이 건강한 인생에 대해 배우는 시간이었다. 엄마의 생각이 바뀌니 생활이 바뀌고 더불어 가정 문화까지 바뀌었다. 행복한 인생에 대해 진지하게 생각해보고 교육 독립과 경제 독립에 대한 가치관 정립을 해보게 되었다. 공부할수록 불안함이 줄어들었고 마음이 편해졌다 등등 고해 성사하듯 소감을 말하면서 본인의 변화, 혹은 아이와 가정 구성원의 변화에 울컥해서 눈물을 보이는 분들도 있다. 기쁨의 눈물이기에 듣는 이들도 흐뭇한 미소를 짓는다. 공부하는 엄마 혹은 아빠를 통해 그 가정이 건강하게 성장할 기대감에 공부의 장을 펼친 나 역시도 보람을 느낀다. 이런 변화의 혜택은 우리 아이들이 주인공이기에 특히 애정을 가지고 이끄는 프로그램이었다. 코로나로 중단되기는 했지만, 언제든 기회가 된다면 꼭 다시 하고 싶다.

교육 독립 & 경제 독립 실천을 위해 다음 두 가지를 체크 해보자.

첫째는 내 아이의 공부그릇을 파악하는 것이다. 부모의 욕심을 최대한 빼고 객관적으로 보는 것이 중요하다. 누구나 각자의 달란트를 가지고 태어난다는 것을 우리는 잘 알고 있다. 공부도 그 달란트 중 하나라고 생각하면 좋겠다. 그러면 자녀의 공부그릇이 작다는 것, 크다는 것을 제대로 볼 수 있을 것이다. 작다면 공부그릇을 키우는 노력을 할 수도 있고, 공부 성향이 전혀 아니라면 다른 달란트를 찾아보고 그쪽으로 키워줄 수도 있는 것이다.

두 번째는 자녀 교육의 방향성을 정하는 것이다. 무엇이든 중심을 잡지 않으면 주변 환경에 휘둘리고, 상황에 끌려갈 수밖에 없다. 그러지 않기 위해 어떤 분야든 나만의 가치관과 철학이 필요하다. 특히, 자녀 교육에 있어 부모 교육관 정립은 매우 중요하다. 교육관이 없으면 수시로 혼란스럽다. 자녀가 학교에 들어가고 학년이 올라갈수록 불안하고 심란한 마음을 계속 경험하게 된다. 자녀가 어떤 삶을 살아가길 바라는지 부부가 함께 이야기해보자. 자녀를 키우면서 나누는 육아 대화를 통해 가정에 맞는 교육 방향을 설계하는 것이 중요하기 때문이다.

설계를 튼튼하게 했다면 이제는 아이 성장과 함께 탄탄하게 다지는 일만 남았다. 후자는 시간과 함께 단단해져야 하는 일이기에 꾸준한 실천이 필요하다. 이것 때문에 교육 독립과 경제 독립을 어려워하는 것 같다. 자주 받는 질문 중 하나가 흔들림이었다. 여기저기서 흔들어대는 마음 때문에 지속이 힘들다는 하소연이었다. 지속하는 데 도움이 되는 방법 몇 가지를 소개해보려고 한다.

첫 번째는 육아 멘토, 교육 멘토를 만드는 일이다. 멘토가 꼭 한 명일 필요는 없다. 도움받는 부분에 따라 여러 명일 수 있다. 생각과 성향이 비슷해서 잘 맞고, 소신을 지키고 실천하는 데 도움이 되면 충분하다. 육아서를 읽고 자녀 교육 강의를 듣다 보면 가치관도 비슷하고 마음이 통하는 분들이 있다. 그런 분들을 복제가 아닌 각색하면서 따라가면 흔들리지 않을 수 있다.

두 번째는 비슷한 교육관과 방향성을 가진 부모들과 함께하는 것이다. 교육 독립 & 경제 독립 스터디를 할 때도 추구하는 가치관과 교육관이 비슷한 분들이 모였음을 매번 느꼈다. 같은 가치를 실천하는 동행자들이 있다는 것은 흔들림을 약하게 해준다. 함께하는 에너지 덕분일 것이다.

세 번째는 부순히 내공을 쌓아가는 것이다. 내공을 쌓는다고 해서 거창하게 생각할 필요는 없다. 육아와 교육에 관련된 책을 읽고 강의를 들으며 공부하는 것도 좋은 방법이다. 한 발 더 나아가 독서로 끝내지 말고 다양한 토론까지 하면 성장하는 공부가 될 것이다. 어렵게 생각하지 말고 즐길 수 있는 범위에서 가볍게 실천하면 좋겠다. 그래야 재미있게 지속할 수 있기 때문이다.

자녀 교육이든 가정 경제든 중심을 잡고 가면 좋겠다. 가정마다 상황이 다르고 아이마다 성향이 다름을 우리는 익히 잘 알고 있지 않는가! 주변 환경에 기웃거리며 휘둘리기보다 가족과 나에게 집중하는 게 현명하다.

교육 독립 & 경제 독립 실천이
인생 성적 올리는 진짜 공부의 밑거름이 될 것이다.

소유보다 경험을 선물하자

정민이가 어릴 때 터닝메카드라는 장난감이 유행한 적이 있다. 장난감 한 개가 아니라 시리즈로 계속 나와서 아이들의 소유 욕구를 자극했다. 새것이 나올 때마다 구매할 수밖에 없게 만들었다. 이게 끝이 아니었다. 심각한 문제는 따로 있었다. 한정 수량으로 조금만 만들다 보니 구매 전쟁은 필수였다. 하루는 운전하고 가는데 관련 사연이 라디오에서 흘러나왔다. 터닝메카드 신제품을 구매하기 위해서 시어머니께 아이를 맡겨놓고 새벽부터 줄 서 있다는 내용이었다. 이때 확신했다. 나는 절대 할 수 없는 일이라는 걸. 다른 것도 아니고 장난감을 사기 위해 새벽부터 줄을 선다고? 애가 간절히 원한다면 한 번은 해볼 수 있겠지만, 다음에 또 신상 나오면 또 서야 할 텐데… 시간이 아까워서라도 나는 절대 못 할 일이었다.

성당 유아실에서 미사를 보고 있는데 한 아이가 신상 터닝메카드를 여러 개 가지고 왔다. 정민이도 몇 개는 가지고 있었지만, 그 아이보다는 수도 적었고 신상도 아니었다. 반짝이는 새 제품에 자꾸만 눈길이 갔다. 미사 끝나고 집에 가는 길에 정민이 손을 잡고 걸으며 물어봤다.

"정민아, 원한다면 엄마 터닝메카드 전 시리즈 다 사줄 수 있어. 얼마든지 가능해. 하지만, 모든 곳에 돈을 다 쓸 수 없으니 정민이가 선택을 해주면 좋겠어. 터닝메카드 전 시리즈를 다 사줄까 아님, 그 돈으로 지금처럼 캠핑이나 여행을 무한히 다닐까?"

이미 캠핑과 여행의 맛을 안 후라 정민이는 당연히 후자를 선택했다. 특별한 날 엄마랑 이모들에게 장난감 선물을 받기 때문에 후자가 더 낫다는 설명까지 곁들인다.

결혼 전부터 참여했던 증권 세미나가 있었다. 결혼 후에는 남편과 동행했고 정민이가 태어난 후에도 변함없이 참석했다. 정민이를 맡길 곳이 없기도 했지만, 가족끼리 다 아는 사이여서 참여가 자연스러웠다. 세미나가 진행되는 동안 색칠 놀이를 하고 레고를 조립하기도 했다. 때론 알아먹지 못할 내용이겠지만 화면과 발표자를 한참 동안 보고 있기도 했다. 끝나고 먹는 짜장면 또한 정민이에게는 즐거운 일이었다. 일 년에 한두 번 금융 세미나에 가는 것을 정민이는 소풍처럼 즐기는 듯했다.

증권 세미나 2탄으로 목공 체험도 정기적으로 참여했다. 관계자 분 지인이 목공소를 크게 운영하는데 거기서 1부는 세미나를 하고, 2

부는 의자 만들기를 했다. 정민이는 목공 체험에 적극적이었다. 나무를 손질하고 공구를 사용해서 조립하고 나중에 페인트 작업까지, 아이의 마음을 완전히 사로잡았다. 행사 후 짜장면에 탕수육을 먹거나 마당에서 바베큐 파티를 했다. 우리 가족 모두 만족도가 높은 행사 중 하나였다. 몇 년을 열심히 참여한 결과 색깔만 다른 같은 모양의 의자들이 우리 집 곳곳에 한 자리씩 하고 있다. 금융 공부도 하고 의자도 만들어 사용할 수 있는 알찬 시간이었다.

산책하다 발을 잘못 짚었는데 운이 없었는지 골절이 되었다. 깁스하고 한 달 넘게 병원 생활을 하게 되었다. 깁스를 풀고 재활을 하던 끝자락에 계약서 문제로 출장을 다녀와야 했다. 운전이 어려운 관계로 가족 모두가 함께 가게 되었다. 모델하우스 안은 정민이가 동행하기로 했다. 목발 짚은 엄마를 대신해 엄마의 손이 되어주었다. 필요한 서류랑 도장을 꺼내주고 엄마가 자리를 이동할 때마다 짐을 챙겨주었다. 번호표를 뽑고 순번을 기다리는 동안 내부를 둘러봤다. 처음 와보는 공간에 정민이 눈이 쉴 새 없이 움직였다. 전체 아파트 단지가 모형으로 만들어진 모습이 신기한지 그 앞에 한참을 서 있었다. 궁금한 것이 많은지 이것저것 물어봤다. 한쪽에서는 메인 계약이 이뤄지고, 다른 한쪽에서는 옵션 계약들이 진행되는 과정도 유심히 지켜보길래 우리가 하는 내용도 설명해 주었다. 집에 돌아와서도 정민이는 가끔 관련 질문을 했다. 지나가다 홍보 플래카드를 보거나 관련 뉴스를 들을 때마다 생각나는 듯했다.

20대 때부터 아낌없이 투자하고 싶은 게 두 가지가 있었다. 그건 바로 배움과 여행이었다. 빚을 내서라도 공부하고, 여행 떠나는 것을 미루고 싶지 않았다. 공부하는 것은 내 실력을 키우는 일이기에 나중에 얼마든지 갚을 수 있다고 생각했다. 여행에서 충전된 에너지가 삶의 활력소를 무한대로 높여 준다는 것을 알기에 이 또한 나를 위한 투자라고 생각되었다. 지금도 이 생각에는 변함이 없다.

정민이한테도 이 두 가지만큼은 원 없이 경험하게 해주고 싶었다. 그래서 처음부터 아이 교육비 통장과 가족 여행 통장을 따로 분리했었다. 학교 시험을 잘 보기 위한 학원 공부보다 본인이 배우고 싶은 것들 위주로 응원해줬다. 숲 학교, 스토리텔링 미술, 축구교실, 농구교실, 피아노 등 정민이의 선택을 존중해줬다. 고학년이지만 피아노를 전공하지 않음에도 여전히 다니고 있다. 본인이 이만하면 되겠다고 할 때까지 기다려줄 생각이다. 덕분에 좋은 음악을 정민이의 피아노 연주로 집에서 감상하고 있다.

자녀에게 물려주는 돈은 한순간에 사라질 수 있다. 그러나 자녀가 배운 지식이나 경험, 지혜들은 쉽게 사라지지 않는다. 오히려 살아가는 데 든든한 영양분이 될 것이다. 쌓일수록 단단한 내공이 만들어질 것이다. 우리 가족이 틈만 나면 차박을 떠나고 기회만 되면 여행을 다니는 이유도 아이에게 다양한 경험을 선물해주기 위해서이다. 좋은 책과 강의를 함께하고 다양한 체험을 할 수 있는 프로그램에 부지런히 참여하는 것도 같은 이유이다.

물고기를 잡고 가시를 발라 자녀 입에 바로 먹여주기보다는 물고기 잡는 법을 스스로 터득할 수 있도록 해주자. 다양한 경험을 통해서 말이다. 조금만 관심을 가지면 주변의 도서관, 과학관, 여러 센터에 좋은 프로그램들이 정말 많이 준비되어 있다.

소유보다 경험이 더 값진 유산임을 잊지 말자.

함께 성장하며 동행하기

백지 한 장을 아홉 칸이 만들어지도록 접었다. 아이에게 즉흥적으로 내밀며 '엄마' 하면 떠오르는 것을 적어보라고 했다. 걱정 반, 기대 반으로 지켜봤다. 엄마에 대한 애정 지수가 높은 아이니깐 긍정적인 신호가 많을 것이라고 예상하지만 그 표현이 어떤 것일지 궁금했다. 초보 엄마인 만큼 실수도 있었기에 반성할 마음의 준비도 했다. '책, 파마머리, 노트북, 공모주, 자유인, 친구 이름, 주식'이 적힌 종이를 받았다. 깊이 생각하지 말고 편하게 쓰라고 했더니 진짜 즉흥적으로 떠오르는 것들을 적은 것 같다.

미혼일 때도 나중에 엄마가 되면 말이 아닌 실천하는 모습으로 아이에게 메시지를 전하고 싶었다. 나는 늦잠 자면서 아이에게는 아침에 일찍 일어나는 게 중요하다고 말해주고, 엄마는 드라마에 빠져 TV 리모콘과 함께하면서 아이에게는 책 읽고 공부하라고 하고, 나는 어제와 똑같은 오늘을 아무 생각 없이 보내면서 아이에게는 사람은 성장하는 삶을 살아야 한다고 말하고, 나는 사는 대로 생각하고 살면서 아이에게는 생각대로 살 수 있으니 긍정적으로 살라고 말하는 부모가 되고 싶지 않았다. 아이에게 후자를 말하기 위해서는 나 역시도 그 모습으로 살아야 한다고 생각했다.

결혼해서도 생각은 변함없었다. 아이 책도 중요하지만 내가 읽을 책도 소중했다. 다양한 독서 환경에 노출시켜 주기 위해 최선을 다할 뿐 강요할 수는 없는 노릇이다. 아이는 공룡 책에 관심이 많은데 엄마가 읽히고 싶은 다른 분야의 책을 고집하면 오히려 독서가 싫어질 수 있다. 아이가 좋아하는 책을 통해 독서 습관을 만들어주면서, 양질의 책도 읽을 수 있는 환경으로 넓혀가면 좋다. 가족 독서토론이나 인문학 지혜 독서 시간 등을 활용하면 독서 확장에 도움이 된다.

아이 스케줄도 챙기지만, 엄마인 내 스케줄도 안 놓치려고 노력했다. 정민이가 태어나고 홈 육아하는 3년 동안은 아이가 일과의 중심이었다. 정민이가 아침에 '응애' 하고 깨는 순간이 하루 시작이었다. 몇 년 후 어린이집에 가면서부터 플래너에 내 일정을 쓰기 시작했다. 입학을 계기로 제2의 인생을 본격적으로 준비할 수 있었다. 새로운 분야 공부를 위해 번역도 하고 필사도 했다. 폭풍 독서를 하고 글 쓰는 삶에 도전했다. 그 결과 현재 3권의 책을 출간하고 네 번째인 지금의 책을 쓰고 있다. 성인을 대상으로 하는 강의도 시작했다. 코로나를 계기로 지금은 온라인과 오프라인에서 강의와 코칭을 하고 있다.

정민이는 엄마가 글을 쓰고, 강의하는 것을 좋아했다. 그 모습을 자랑스러워했다. 《매일경제》에서 주관하는 서울 머니쇼에서 강의할 기회가 있었다. 모든 게 처음이라 정민이와 동행할 생각을 미처 못했다. 다음에 또 하게 되면 같이 오려고 했는데, 코로나를 맞이했다. 그 결과 다시 무대에 서게 된 2020년 머니쇼는 온라인으로 진행되었다. 현장에서 함께하지는 못했지만, 온라인으로 아빠와 함께 엄마 강의를 시청했다. 방송에서 엄마가 나오니 정민이는 신나했다고 한다. 들뜬 목소리로 최고였다는 찬사를 아끼지 않았다. 말도 잘못하고, 부끄러움도 많고, 남 앞에 서는 걸 두려워했던 엄마가 이렇게까지 변한 모습이 훗날에라도 정민이에게 좋은 메시지가 되길 바란다.

2020년 12월 24일 잊지 못할 크리스마스이브다. 전날 가족들과 산책하다 갑자기 넘어져서 다리 골절로 병원에 입원했다. 병원 생활과 재활 치료로 3개월을 보냈다. 당연히 모든 활동과 운동이 중단되고 누워서 지내야 했다. 약 때문에 삼시 세끼를 먹다 보니 몸이 드럼통이 되어갔다. 과거보다 몇 배의 노력을 해서 다치기 전으로 회복했지만, 여전히 체지방은 높고 근력이 심하게 낮았다.

큰 결심을 하고 난생처음 근력 운동을 시작했다. 정말 싫어하는 운동이었지만 더 이상 피할 수 없음을 깨닫고 부딪혀보기로 했다. 목표를 갖기 위해 생각지도 못한 바디 프로필에 도전하게 되었다. 힘든 근력 운동과 철저한 식단 관리를 134일 동안 진행했다. 피나는 노력을 했고 그 과정을 정민이가 모두 지켜봤다. 정민이는 수시로 엄지척을 날리며 응원을 해줬다. 기대 이상으로 완벽하게 그 과정을 이겨냈다.

돌이켜보면 내 노력과 정성에 스스로 감동해서 울컥할 정도였다. 30%에서 시작한 체지방은 15%로 줄었고, 늘 평균 이하였던 근력은 적정 구간에 자리 잡았다. 정민이가 프로필 사진 보고 연예인 같다고 칭송해주니 애쓴 보람이 더 컸다.

방학을 앞둔 주말 정민이가 방학 계획을 세우자고 한다. 이번 방학을 어떻게 보내고 싶은지, 뭘 해보고 싶은지 등을 물어보았다. 정민이가 주도적으로 세우게 하고 나는 조금 다듬어주는 역할만 했다. 방학에는 시간이 여유로우니 독서 시간을 많이 확보하길 권했다. 독서든 공부든 모든 활동의 주체는 아이이기 때문에 정민이의 결정을 최대한 존중해주고 싶었다. 본인이 원해서 할 때 실천력이 높기 때문이다.

미리 세운 방학 계획표가 정민이 방학 생활의 나침반이 되었다. 아침에 도서관으로 출근해서 하루 계획을 세웠다. 고학년이 되면서 쓰기 시작한 하루 계획표를 이젠 제법 잘 쓴다. 공부하라고 잔소리를 하고, 숙제했는지 안 했는지 일일이 검사하기보다 "오늘 하루 계획이 어떻게 되니?" "계획대로 잘 지켜진 것 같아?"라는 질문으로 대신하는 게 아이의 주도성을 더 높여 주었다.

플래너가 일상인 엄마를 보면서 자란 정민이는 시간 계획하는 습관이 낯설지 않다. 엄마는 후천성 독서가이고 노력형 독서가이기 때문에 늘 책과 함께한다는 것을 정민이는 안다. 식단을 챙기고 운동을 꾸준히 하는 모습을 보면서 정민이도 운동에 관심이 많다. 좋은 강의 듣는 것을 즐기는 엄마를 보면서 지금은 같이 듣는 횟수가 늘고 있다. 재미있거나 유익한 강의를 만나면 정민이가 먼저 챙기기도 한다.

좋은 파트너로 동행하면서 각자 성장하길 바란다.
아이는 아이의 삶을, 엄마는 엄마의 삶을
멋지게 살아내는 여정을 꿈꾼다.
그 과정에 엄마가 꾸준히 노력하는 모습,
작은 발걸음이지만 성장하는 모습이
아이에게 동기부여가 되길 바라는 마음으로
오늘도 주어진 내 하루에 최선을 다하고 싶다.

인생 마라톤을
완주할 수 있는 회복탄력성

부모님 사시는 동네에 스타벅스가 들어왔다. 엄마가 은근 가보고 싶어 하는 눈치셨다. 저녁을 먹은 후 디저트를 즐기기 위해 모시고 나왔다. 일 보러 나간 아빠에게는 집으로 가지 말고 카페로 오시라고 했다. 부모님을 모시고 온 만큼 메뉴를 다양하게 주문했다. 막 시작하려고 할 때 아빠가 도착했다. 10분쯤 지났을까! 오빠 가게 배관 관련 문제로 전화 한 통이 걸려왔다. 업자한테 걸려온 전화였던 터라 통화로 마무리되나 싶었다. 조금 시간이 지나니 엄마가 아빠한테 가보자고 재촉했다. 어떤 상황인지, 해결은 잘 되고 있는지, 문제가 있으면 당신들이 해결해줘야 한다면서 서둘러 가셨다. 낙동강 오리알 신세가 된 느낌이었다. 우리도 부모님을 위해 저녁 시간을 뺀 건데, 부모님을 위해 여기에 온 건데, 차 마시다 말고 가셨다. 한두 번 겪는 일이 아니지만, 여전히 '우리 부모님 왜 이러시나' 싶다.

오빠가 엄마 삶에 어떤 의미인지 잘 알고 있음에도 너무하다 싶을 때가 많았다. 나이 드실수록 더 심해지셨다. '아! 엄마는 뼛속까지 아들이구나'라고 인정하고 받아들이려고 했다. 이해하려고 노력했지만, 상상 이상의 일들이 반복되었다. 엄마는 오빠에게 일어나는 모든 일을 당신 일처럼 껴안고 살았다. 그러다 보니 엄마는 근심 걱정이 없는 날이 없다. 연락이 뜸하면 뜸한 대로 걱정, 연락이 잦으면 일거수일투족을 다 알게 돼서 걱정이셨다. 오빠의 모든 문제를 해결해줘야 마음이 편해지는 분이셨다. 별일 없다는 것을 직접 확인하고, 잘되고 있다는 것을 직접 보고 나서야 엄마 얼굴에 화색이 돌았다. 오빠가 어떤 사업을 하든, 새로운 시작을 하든 엄마는 항상 함께였다. 오빠가 그만하라고 하면 잠시 서운해하실 뿐 다시 오빠 인생을 지고 계셨다.

부모가 되고 아이를 키우다 보니, 엄마가 더 이해되지 않았다. 부모가 자식 인생을 절대 대신 살아줄 수 없다는 것을 자식인 나도 알겠는데, 왜 우리 엄마는 갈수록 더 심해지실까… 오빠 일에 안절부절하고 해결해주기 위해 애쓰는 모습을 보면 안타깝다. 엄마에게 하고 싶은 말이 계속 입 안에서 맴돌 뿐이다.

'나중에 엄마 안 계실 때 문제 생기면 오빠는 어떻게 해야 해요? 문제 생길 때마다 하늘 보면서 방법을 물어봐야 해요? 그냥 오빠가 해결할 수 있도록 기다려주면 안 될까요? 오빠도 어른이잖아요. 문제 해결하면서 오빠도 하나씩 배워가겠죠. 지금 엄마가 그 기회를 뺏고

있어요. 이건 오빠를 위하는 길이 아니에요.'

자식을 위해서라면 뭐든 해주고 싶은 부모 마음을 이해 못 하는 것은 아니다. 자식이 꽃길만 걷길 바라는 부모의 마음에서 비롯된 거겠지만, 인생이라는 게 꽃길만 걸을 수 없다는 걸 누구나 안다. 부모가 자식과 평생을 함께할 수도 없지만, 설사 그렇다 해도 편한 길만 만들어줄 수는 없다. 어떤 길을 걷든 포기하지 않고 잘 살아낼 수 있는 내공을 길러주는 게 유일하게 해줄 수 있는 일이다.

오늘날 나를 여기까지 오게 한 것 중 하나가 결핍이라고 생각한다. 눈물과 함께 컸다고 해도 과언이 아니다. 그만하고 싶을 만큼 많이 넘어졌다. 좌절의 연속이었다. 그래도 지금 내가 살아 있는 것은 포기하지 않았기 때문이다. 시간이 얼마가 걸리든 일어나려고 애썼다. 다시 걷기 시작했다. 이 과정을 무수히 반복하며 나를 만들어왔다. "나를 죽이지 않는 고통은 나를 강하게 만들 뿐이다"는 니체의 말처럼 서서히 단단해져 갔다. 실패를 통해 배우는 경험 덕분에 내공이 쌓였다.

무럭무럭 자라는 정민이를 보면 오지기도 하고 뿌듯하다. 동시에 마음 한 곁에는 안쓰러움도 있다. 아이가 어른이 되고 독립해서 본인의 삶을 찾아가는 여정을 생각하면 벌써 마음이 아리기도 한다. 하지만 여기까지다. 그건 아이가 성장통으로 겪어야 할 통과의례이니 부모인 나는 안쓰러운 마음으로, 기특한 눈으로 지켜볼 수밖에 없다.

아이 인생 대신 살아줄 것 없기에 이 또한 부모가 대신해줄 수 없는 노릇이다. 해낼 수 있다 응원해주며 다시 일어설 수 있도록 격려해줄 뿐 안쓰러운 마음은 부모가 감당해야 할 몫이라고 생각한다. 그러면서 자녀는 자녀대로 성장하고, 부모는 부모대로 성숙해지는 게 아닐까 한다.

걸음마 배우는 아이가 뒤뚱거릴 때 넘어질 것 같으면 매번 미리 잡아주고, 혹시나 넘어질 때 바로 일으켜 세워준다면 걸음마 배우는 속도는 더딜 것이다. 넘어져도 다시 일어나서 한 걸음 내딛는 도전과 연습 속에서 걸음마를 하게 된다. 자전거를 처음 배울 때도 마찬가지다. 시작은 도와줄 수 있지만, 결국 스스로 연습하는 시간이 절대적으로 필요하다. 넘어져 봤기 때문에 어떻게 하면 안 넘어질 수 있는지를 배울 수 있다. 정강이나 무릎에 영광의 상처를 남기며 배운 자전거는 타는 모습에서 자신감이 넘쳐난다.

인생은 등산과 같다. 매 순간 고비를 만난다. 숨이 턱까지 차올라 한 발짝도 못 움직이겠다 싶을 때도 있고, 돌부리에 걸려 넘어지고 다치는 경우도 많다. 좀 쉬었다 가고 싶은 마음 간절한 때도 적지 않다. 중요한 것은, 어떤 경우에도 포기해서는 안 된다는 사실이다. 잠시 멈출 수도 있고 조금 쉬어갈 수도 있지만, 결코 놓지는 말아야 할 삶의 원칙, 바로 이것이 회복탄력성이다.

앞에서 언급했던 카우아이섬 연구 결과의 시사점은 다음 세 가지였다.

첫째, 신뢰할 수 있는 누군가의 사랑과 지식을 받고 자란 아이는
세상을 살아갈 힘을 얻는다.

둘째, 회복탄력성의 핵심 요인이 인간관계에 있다.

셋째, 건강한 자아존중감을 토대로 제대로 된 인간관계를 만들어
갈 수 있다.

실천 방법은 가정마다 다를 수 있다. 중요한 것은 조건 없는 사랑,
변함없는 믿음, 건강한 자아존중감이라는 방향성을 잃지 않아야 한
다는 것이다. 4장에서 우리 가족이 실천해놓은 방법 또한 하나의 예
시일 뿐이다. 가정환경과 상황에 맞는 방법을 찾아서 즐겁게 실천해
보길 바란다.

공부그릇은 키우고, 회복탄력성은 높이고

비교는 불행의 시작임을 진즉에 깨달았기 때문에 비교하지 않는다. 그 덕분에 우리 집에는 엄친아는 없다. 옆집 아이와 우리 집 아이를 비교할 이유가 없다. 부모가 다르고, 가정환경이 다르고, 아이 성향도 다르고, 재능도 다 다름에도 불구하고 단순히 눈에 보이는 성과나 시험 성적만 가지고 비교한다는 것은 말이 안 된다. 불행을 자초하는 일이다. 입장 바꿔 자녀가 허구한 날 옆집 엄마와 나를 비교하면서 투덜거린다면 얼마나 화나고 속상하겠는가!

공부그릇도 아이마다 다르다. 어려서부터 두각을 드러내는 아이도 있고, 대기만성형으로 나중에 우뚝 서는 아이도 있다. 꽃마다 꽃을 피우는 시기가 다르듯 우리 아이들도 그렇다. 각자 타고난 재능과 역량이 다채로움을 인정하고 자신만의 꽃을 잘 피울 수 있게 도와주는 게 부모의 역할이라고 생각한다. 자녀의 공부그릇을 제대로 파악하는 것부터가 그 시작이다.

육아도 교육도 정해진 답은 없다고 생각한다. 하나의 정답으로 정리하기에는 우리의 삶이 그렇게 단순하지 않다. 한 부모 밑에서 자란 형제, 자매도 결과물이 얼마나 다양한가! 부모의 삶에 대한 가치관과 교육관을 기반으로 각 가정에 맞는 여러 교육 방법이 존재할 뿐이다. 우리 집도 아이의 공부그릇을 키우기 위해, 회복탄력성을 높이기 위해 어떻게 하면 좋을지, 무엇을 해줄 수 있을지 늘 고민했었다. 오해하지 않길 바란다. 여기서 말하는 공부그릇은 입시 공부그릇을 넘어 인생 공부그릇을 의미한다.

"공부는 인생에 대한 예이고, 운동은 몸에 대한 예다."라는 말이 있다. 공부는 평생 하는 것이라는 의미가 마음에 든다. 학교 다닐 때 공부를 좋아했던 사람도 아닌데, 살면서 평생 공부의 중요성을 깨닫게 된 덕분이다. 평생 공부의 베이스는 독서다. 나 역시도 독서를 통해 인생 역경을 이겨냈고, 마흔 넘어 독서에 빠져 살았고, 지금은 책과 친구처럼 지내고 있다. 나이 들수록 독서의 양이 늘고 깊이가 커지고 있다. 독서의 힘을 알기에 아이에게도 독서 환경을 만들어주려고 노력했다. 중요한 것은 강요가 아닌 자연스럽게 전한다는 점이다. 폭풍 독서 시기는 사람마다 다르다고 믿기 때문이다.

몸에 대한 예의는 운동이다. 운동 습관이 확실하게 잡힌 나로서 격하게 공감하는 메시지다. 평생 실천해야 하는 중요한 습관 중 하나이기 때문에 아이에게도 어릴 때부터 운동을 즐길 수 있는 환경을 많이 만들어 주었다. 다행히 아이도 운동 신경을 뛰어난 편이라 야구, 농구, 축구, 배드민턴 등등 다양하게 즐겼다. 건강한 신체 발달은 물론이고 땀을 흘리며 얻는 즐거움도 스트레스 해소에 도움이 되기 때문에 운동도 빠짐없이 챙기고 있다.

독서, 운동과 더불어 신경 쓰는 부분이 평온한 마음이다. 제일 난해한 영역이라 가장 신경을 많이 쓰는 부분이기도 하다. 어른에게도 마음공부는 평생 숙제인 만큼 아이들 마음 챙김은 더 어렵다. 그래서 끊임없이 관련 책과 강의를 챙겨보게 된다. 여러 전문가와 이야기를 나누기도 하면서 필요한 정보를 얻었다. 독서, 운동은 어느 시기가 지나면 독립이 되지만, 멘탈 관리와 연결되는 마음 영역은 관심을 계속 가지고 챙겨야 한다.

마지막으로 아이에게 주고 싶은 선물이 다양한 체험과 경험이었다. 하루는 운전하다 라디오를 켰는데 어느 육아 전문가와 DJ가 나누는 이야기를 듣게 되었다. 아이가 어리더라도 부모가 함께 놀아준 시간, 여행 다녔던 추억 등이 아이 내면에 남아서 세상을 살아가는 힘이 된다는 이야기였다. 아이가 어려서 아무것도 모를거라고 생각하지 말고 더 많이 놀아주고 가능하면 나들이와 여행도 많이 다니라는 조언이었다. 원래도 자연과 여행을 좋아했는데, 육아 전문가에 조언에 힘입어 아이 손을 잡고 정말 부지런히 돌아다녔다.

남편을 비롯해 주변 아빠들에게 자주 하는 말이 있다. 아이가 부모와 함께하는 시간이 그다지 길지 않다는 사실이다. 초등학교 고학년만 돼도 슬슬 안 따라다니려고 한다. 그러니 부모가 되면 10년만 육아를 우선순위에 올려놓고 집중해주길 권했다. 아이에게 평생 간직할 추억을 만들어주는 일이다. 사랑하는 존재에게 값진 시간을 선물하는 일이다. 이 소중한 시간이 아이의 회복탄력성을 높이는 데 큰 도움이 될 것이라고 믿는다.

평생 할 인생 공부를 잘할 수 있도록 공부그릇을 키워주기, 다채로운 인생을 건강하게 완주할 수 있도록 회복탄력성을 길러주기. 이 두 가지를 위해 어떤 것들을 실천하면 좋을지, 무엇을 할 수 있는지 각 가정에 맞는 답을 만들어보자.

정답은 내 안에 있다는 믿음으로
자꾸 밖으로 향하려는 시선을 안으로 가져오자.
외부가 아닌 우리 가정에 초점을 맞추면 훨씬 더 잘 보인다.
또한, 불필요한 경쟁에서 벗어나는 것만으로도
인생 성적 올리는 진짜 공부가 수월해진다.

진짜 공부를 시작해보자

　우리 아이들의 순수한 밝음과 환한 웃음이 지속되길 바란다. 그러려면 아이들을 키우는 부모도 육아가 즐거워야 한다. 처음 부모가 되었을 때 자녀에게 가졌던 마음이 그대로면 좋겠다. 자녀가 클수록 성적 때문에 헤매고 힘들어하는 부모들에게 마음의 짐을 덜어주고 싶다.

　학교 시험 잘 보는 교육에만 매달리지 말고, 멀리 내다보면 좋겠다. 모두가 공부를 잘할 수는 없다. 공부도 하나의 재능이라고 받아들이면 좋겠다. 저마다 타고난 재능이 다르듯 공부그릇도 마찬가지다. 우리 아이들은 각자 다양한 재능으로 자신만의 꽃을 피울 것이다. 다만, 그 시기가 다를 뿐이다. 그러니 한 줄 세우는 입시 교육만 바라보며 불안해하지 않길 바란다. 불안한 마음보다 보석을 발견하듯 호기심 가득한 눈으로 바라보면 좋겠다. 내 아이의 공부그릇 크기는 어떠한지, 어떤 것에 관심을 보이고 좋아하는지, 어떤 것에 소질이 있는지 말이다.

공부그릇의 의미를 대학 입시를 위한 공부로만 국한하지 말고 인생 공부그릇이라고 생각하면 좋겠다. 자녀가 스무 살에 무슨 대학을 가느냐보다 마흔 살에 어떤 삶을 살아가길 바라는지에 초점을 맞추고 생각해보자. 관점이 바뀌면 생각의 방향도 달라진다. 우리 아이들에게 인생을 살아갈 힘을 길러주는 교육에 더 관심을 가졌으면 좋겠다. 아이들 인생에 정말 중요한 게 무엇인지, 부모로서 해주고 싶은 게 무엇인지 답을 찾을 수 있을 것이다.

골칫덩어리 영어와 사랑에 빠졌다. 수학을 뛰어나게 잘하지는 못했지만, 20년간 수학 덕분에 행복했다. 의대가 목표인 학생들과 동행하며 꽃을 피웠다. 33년간 사는 게 고통이었는데, 10년 후에는 살아 있는 게 축복이었다. 극심하게 내성적이고 말 한마디 못 하던 사람이 2,000명 앞에서 강의를 했다. 쫄딱 망했던 사람이 지금은 경제적 자유를 즐기며 살고 있다. 자존감이 마이너스였던 사람이 내 자존감은 물론이고 타인의 자존감도 도와주고 있다. 이러다 보니 나의 5년 후,

10년 후가 기대되는 삶을 살고 있다.

오늘의 나를 있게 한 것은 결핍이었다. 모든 것이 부족했다. 살고 싶은데 죽을 것 같은 현실, 잘하고 싶은데 부족한 능력, 해보고 싶은데 안 되는 상황! 심각한 부족함이 나를 움직이게 했다. 더딘 변화였지만 땀이 주는 보람이 꾸준히 노력하게 했다. 월등히 잘하는 게 없으니 성실함만이 유일한 대안이었다. 어려운 상황에서 시련과 실패도 많았다. 넘어지는 게 일이었다. 돌이켜 생각해보면 포기하지 않았던 것이 제일 잘한 일이라고 자부한다. 나에게 있는 회복탄력성 덕분에 악몽 같았던 삶이 축복받은 삶으로 바뀌었다고 확신한다.

어떠한 상황에서도 포기하지 않고 다시 도약하는 회복탄력성! 나이를 먹을수록 더 다양한 사람들을 만날수록 회복탄력성을 지닌 사람들을 종종 만나게 된다. 특히 젊은 친구들 이야기는 가슴을 뛰게 한다. 그들에게 역경은 달릴 때 뛰어넘는 장애물 같은 느낌이다. 삶을 멋지게 만들어가는 현재의 모습에 학교 다닐 때 했던 공부는 존재감이 희미했다. 무슨 대학을 졸업했는가보다 어떤 스토리를 가지고 여기까지 왔느냐가 이들에게는 훨씬 가치 있는 일이었다.

우리나라 교육을 20년 받고, 20년간 공교육과 사교육을 오가며 학생들과 함께 입시 준비를 했었고, 학부모 입장으로 아이를 키우고 있다. 그 과정에서 느끼고 깨달았던 교육 독립의 필요성, 오늘날 나를 있게 해준 회복탄력성, 그리고 아이에게 물려주고 싶은 것을 적어보았다. 공부그릇을 키우고 회복탄력성은 높이기 위해 우리 가족이 했던 경험을 담았다. 이것만이 답이라고 생각하지는 않는다. 다만, 우리 부부가 중요하다고 생각되는 가치를 위한 다양한 노력이라는 점에서 의미를 지닌다. 각 가정에 맞게 각색해서 도움이 되길 바란다.

공부그릇과 회복탄력성

초판 1쇄 인쇄 _ 2022년 12월 5일
초판 1쇄 발행 _ 2022년 12월 15일

지은이 _ 김은정

펴낸곳 _ 바이북스
펴낸이 _ 윤옥초
책임 편집 _ 김태윤
책임 디자인 _ 이민영

ISBN _ 979-11-5877-329-8 03370

등록 _ 2005. 7. 12 | 제 313-2005-000148호

서울시 영등포구 선유로49길 23 아이에스비즈타워2차 1005호
편집 02)333-0812 | 마케팅 02)333-9918 | 팩스 02)333-9960
이메일 bybooks85@gmail.com
블로그 https://blog.naver.com/bybooks85

책값은 뒤표지에 있습니다.
책으로 아름다운 세상을 만듭니다. — 바이북스

미래를 함께 꿈꿀 작가님의 참신한 아이디어나 원고를 기다립니다.
이메일로 접수한 원고는 검토 후 연락드리겠습니다.